PASSO A PASSO...

RITHÉE CEVASCO

com a colaboração de Jorge Chapuis

PASSO A PASSO...
RUMO A UMA CLÍNICA BORROMEANA

VOLUME 2 de 3

© 2019 Ediciones S&P
Paso a paso... hacia una clínica borromea
Volumen 2 de 3

Editora:	Fernanda Zacharewicz
Conselho editorial:	Andréa Brunetto — Escola de Psicanálise dos Fóruns do Campo Lacaniano
	Beatriz Santos — Université Paris Diderot — Paris 7
	Lia Carneiro Silveira — Universidade Estadual do Ceará
	Luis Izcovich — École de Psychanalyse des Forums du Champ Lacanien
Tradução:	Paulo Sérgio de Souza Jr.
Revisão:	Fernanda Zacharewicz
	William Zeytounlian
Revisão técnica:	Gláucia Nagem
Capa:	Dante Bertini e Jorge Chapuis
Adaptação da capa	
para a edição brasileira:	Wellinton Lenzi
Diagramação:	Sonia Peticov

Primeira edição: agosto de 2022

Dados Internacionais de Catalogação na Publicação (CIP)
Ficha catalográfica elaborada por Angélica Ilacqua CRB-8/7057

C372p   Cevasco, Rithée

        Passo a passo: rumo a uma clínica borromeana: volume 2 de 3 / Rithée Cevasco com a colaboração de Jorge Chapuis. — 1. ed. — São Paulo: Aller, 2022.
        224 p.

        Bibliografia
        ISBN 978-65-87399-37-9
        Título original: *Paso a paso... hacia una clínica borromea. Volumen 2 de 3*

        1. Psicanálise I. Título II. Chapuis, Jorge

22-4227   CDD — 150.195
                                          CDU 159.964.2

Índice para catálogo sistemático
1. Psicanálise

Publicado com a devida autorização e com todos
os direitos reservados à Aller Editora.

Rua Havaí , 499 – Sumaré
01259-000 São Paulo S.P.
Tel: (11) 93015.0106
contato@allereditora.com.br
Facebook: Aller Editora

Sumário

Apresentação	7
1 | As regras do jogo do amor	9
2 | A boa lógica de Joyce	37
3 | A reta infinita	81
4 | Lapsos e reparos do nó de trevo	97
5 | Estados do nó de Joyce e muito mais...	132
6 | Escritas nodais da neurose	160
Anexo 1: O nó "reconstituído" de Joyce	195
Anexo 2: Lapso no nó de trevo	209
Cronologia	213
Referências bibliográficas	217

Apresentação

Este Volume 2 de *Passo a passo... Rumo a uma clínica borromeana* recompila as 6 aulas do segundo ciclo do seminário ministrado no Fòrum Psicoanalitic Barcelona durante o primeiro e o segundo trimestres de 2018. O seminário concluirá com um terceiro ciclo no primeiro semestre de 2019.

O segundo volume se ocupa principalmente da topologia dos nós mobilizada no seminário *O sinthoma* (S23), com referências aos dois seminários anteriores: *Les non-dupes errent* (S21) e *RSI* (S22). E daremos início ao *Passo a passo 3* para abordar o último período do ensino de Lacan: desde *L'insu que sait de l'une-bévue s'aile à mourre* (S24) até o final. Acrescentaremos, então, um Volume 3 ao nosso percurso, *passo a passo...*

Desse modo, seguimos Lacan em sua investigação para "ir além de...", e para pôr à prova se a topologia das superfícies e dos nós consegue realmente sair do campo da metáfora para abordar o real (fora de sentido) do nó.

■ ■ ■ ■ ■

Para facilitar a escrita das referências aos seminários de J. Lacan, utilizamos siglas: "(S23,152)", por exemplo, que se refere ao *Seminário 23*, p. 152. Para nossos outros dois autores principais, utilizamos uma codificação similar: (FS-*Sth*, 182), por exemplo, refere-se à p. 182 do livro intitulado *Sinthome: ensayos de clínica analítica nodal* [Sinthome, ensaios de clínica analítica nodal], de Fabián Schejtman. De igual maneira, (MB-*AuR*, 187) refere-se ao livro *Au risque da topologie et de la poésie* [Correndo o risco da topologia e da poesia] e (MB-*LaBo*, 373), a *Lacan el borromeo* [Lacan, o Borromeano] — ambos de Michel Bousseyroux.

Conservamos a "Cronologia" (p. 181) do primeiro volume, acrescentando as datas aqui assinaladas. O mesmo vale para os dados bibliográficos que se encontram registrados nas "Referências bibliográficas" (p. 185).

Agradecemos a Laura Frucella pela leitura atenta, que nos permitiu realizar correções.

RITHÉE CEVASCO, janeiro de 2019.

1 | As regras do jogo do amor

Janeiro de 2018

Amor divino, cortês e masoquismo no Seminário 21.
Real do gozo e gozo do real.

Vou iniciar uma segunda série de seis intervenções neste primeiro semestre de 2018 do seminário no Fòrum Psicoanalitic Barcelona, EPFCL-Espanha. Nossa primeira série já está publicada pela Editora Aller como *Passo a passo 1*.

Continuo, portanto, em colaboração com Jorge Chapuis, o nosso "Passo a passo rumo a uma clínica borromeana".

Consagrarei esta série principalmente à revisão dos nós tal como Lacan os mobiliza no seminário *O sinthoma* (S23).

Antes, porém, vou dar uns passos para trás a fim de abordar um tema de Lacan em *Les non dupes...* (S21), depois de se utilizar da escrita borromeana para "enodar" as três di(z)menções de todo *parlêtre* — o simbólico, o imaginário e o real — no Nó Borromeano de três anéis (NBo3).

Vou me deter no tratamento dos "nós do amor" do Seminário 21 e evocar a expressão de Jean Allouch, "O amor nos tempos do borromeano", Capítulo XXII de seu trabalho sobre a questão do amor no ensino de J. Lacan — leitura hoje incontornável por conta de sua exaustividade sobre o tema do amor em Lacan.

Trabalharei, então, com uma dupla referência: o seminário de J. Lacan, *Les non dupes...* (S21) — em particular as aulas dos dias **11** e **18 de dezembro de 1973** e a do dia **8 de janeiro de 1974** — e o texto de J. Allouch, *O amor Lacan*, publicado pela editora Companhia de Freud (Rio de Janeiro, 2010).

Lacan introduz a questão do amor em **18 de setembro de 1973** com uma evocação acerca da "ressonância". Sua abordagem dos nós teria de produzir — assim se expressa Lacan — uma "ressonância", uma ressonância própria ao seu dizer. Um dizer que, não sendo só palavra, faz ressoar algo... algo diferente do sentido.

O que é que provoca uma ressonância? Que coisa, se não algo do real que não pode ser alcançado pela via dos ditos, da palavra? "Não é tanto [o] nó que é importante, é o seu dizer", insiste Lacan.

Ele vincula a ressonância com o amor e, por conseguinte, ao que me parece, tratará de elevar o amor ao estatuto de um "dizer" que cause ressonância e chegue, então, a "tocar", a concernir a um determinado real.

Isso é algo que está longe de ser evidente, se nos atemos às concepções psicanalíticas clássicas do amor!

Lacan insiste: o amor, tal como o dizer, é um "acontecimento" — afirma ele sem titubear. O dizer é um acontecimento e, por conseguinte, é uma questão de "encontro"; ele é, portanto, da ordem do contingente.

E como um homem ama uma mulher? — Lacan se indaga, sem se atrever a formular a pergunta sobre como uma mulher amaria um homem. Enquanto homem, ele não se autoriza a fazê-lo... Vemos o toque pessoal que Lacan coloca nessa questão!

Mas não me atrevo a generalizar a resposta que, por acaso!, ele oferece: "O amor não passa de um dizer enquanto acontecimento".

Ele havia finalizado o seminário *Mais, ainda* (S20) com uma abordagem do amor em sua relação com o inconsciente, propondo uma espécie de definição inovadora: o amor é uma questão de "reconhecimento, a signos sempre pontuados enigmaticamente, da maneira pela qual o ser é afetado enquanto sujeito do saber inconsciente" (*Mais, ainda*, p. 196). O borromeano é também uma questão de encontro? Ele o foi para Lacan, vindo das mãos de uma

10 | PASSO A PASSO... *rumo a uma clínica borromeana*

pessoa "encantadora" que fez com que ele o conhecesse (Ver *Passo a passo 1*, p. 28). Michel Bousseyroux (doravante, MB) nos revela o nome desta encantadora pessoa: Valérie Marchand (ver comentário em MB-*LaBo*, 21).

Falar do amor "nos tempos do borromeano" indica que, em Lacan, trata-se de outro "tempo" do amor. Com efeito, Lacan varia as suas perspectivas com relação ao amor conforme os diferentes momentos de suas elaborações; e não se pode dizer que haja uma teoria definitiva e fechada acerca do amor em Lacan. Então é difícil se ater a uma definição só.

Trata-se aqui de voltar a convocar o amor, agora no contexto do "método dos nós", cujas ortografia e cartografia tentamos seguir em nosso *Passo a passo*.

Limito-me a recordar, sem ser exaustiva, alguns outros tempos nos quais Lacan havia situado o amor em posição de "meio", numa posição mediana. Essa posição de "meio" concedida ao amor retorna em sua abordagem nodal do amor (em nosso vocabulário nodal, a modalidade do amor vai estar, como veremos, vinculada à posição ocupada pelo elo do meio numa cadeia nodal).

Limito-me a recordar duas ocorrências de seu seminário. Em *A angústia* (S10), Lacan afirma que "só o amor permite ao gozo condescender ao desejo" (S10, 197) — e, assim, a posição do amor está situada entre a angústia e o desejo. Em *Mais, ainda* (S20), ele estabelece a distinção entre o amor e o gozo sexual: os signos do amor não são os signos do gozo, "O que não é signo do amor é o gozo [...]" (S20, 28).

O percurso borromeano do amor pretende desembocar numa proposta que seria de um amor *à luz da psicanálise*, com a esperança de fazer do amor algo menos tolo que o charlatanismo com que se costuma falar dele, tal como se expressa Lacan na "Nota italiana".

Em 11 de dezembro de 1973, Lacan evoca essa espécie de amor que resvala para a adoração, pois é comum — ao menos em francês — declarar ao amado um *je t'adore* (te adoro).

A partir dessa expressão de "adoração", Lacan interroga: o que se pode adorar? Nada, exceto uma silhueta... Uma silhueta se situa sempre num espaço de duas dimensões e nos remete ao que eu já havia comentado. Ela concerne ao fato, esclarece Lacan, de que nós nos percebemos em duas dimensões e de que temos uma séria dificuldade de nos percebermos como corpo, como volume no espaço — ele evoca, para tanto, a novela *Flatland* (Ver *Passo a passo 1*, p. 70).

Agora temos a oportunidade de voltar a recordar a distinção entre o corpo especular (em duas dimensões) e o corpo na medida em que "o sentimos", na medida em que o "temos", ou seja: o corpo — que, lembremos, na escrita nodal se situa no nível do Imaginário; que não se reduz, é claro, ao imaginário especular — enquanto suporte de gozo. Corpo gozante, que concerne inclusive ao gozo de Narciso.

Lacan também evoca um uso metafórico dos nós, na linguagem comum em francês, quando por exemplo se fala dos "nós" do amor ou dos "nós" da amizade, no sentido de "laço".

Existem esses anéis nodais que as evocam; não são nós borromeanos, são nós olímpicos... diferentemente do nó borromeano que, para Lacan, "cai como uma luva".

São múltiplas as referências ao "nó" em nossa sensibilidade corporal: o nó da garganta, o nó da angústia etc., vinculados a esses afetos que são a manifestação do real.

No Seminário 21, Lacan não enfatiza a ilusão do amor como Um: tentativa fracassada de, com dois, fabricar Um. Ali ele o presenta como outra tentativa, também fracassada: a tentativa de fazer dois, *"du deux"*. Uma tentativa fracassada de *"faire d'eux"*, *"deux"* — diz Lacan, brincando com o equívoco, em francês, entre *"d'eux"* (deles) e *"deux"* (dois). *Faire d'eux un deux*, tentativa fracassada de fazer deles um dois.

Sem dúvidas, o amor é situado por Lacan como podendo ser da ordem de uma tentativa de suprir a relação/proporção sexual que não se pode escrever. Isso não é necessariamente uma suplência bem-sucedida. Colocamos o "logro" do lado da borremeização, ao qual convém a expressão "bom nó". Nesse sentido é frequentemente uma suplência fracassada. Fracassada porque com os dois se obtêm "enlaces", que é o contrário do que se espera de um nó borromeano, no qual os anéis de corda "só se enlaçam sem se enlaçar". (Ver abaixo, *Figura 1.1*)

Enodamento que geralmente fracassa em constituir uma forma de subjetividade "borromeana"; fracassa em chegar a um enodamento a três dos três registros R, S, I. Enodamento necessário para chegar a um sustentáculo mais ou menos estável do *parlêtre*.

Se o amor "faz dois", ele é uma tentativa fracassada na via de encaminhar-se na direção de um enodamento borromeano, que, como sabemos, inicia com um mínimo de três anéis e, desse modo, opõe-se à cadeia-nó de duas consistências enlaçadas.

Em **12 de março de 1974**, Lacan volta a essa questão e lamenta que nos atenhamos à versão metafórica do amor como "nós do amor". Ele enfatiza o mal-estar — os insistentes mal-estares — do amor com que nos confrontamos na psicanálise.

Então Lacan se propõe a esclarecer as condições desse mal-estar, cingindo-o com o seu "método dos nós".

Assim, ele trata então de devolver ao amor toda a sua espessura, todo o seu volume, no sentido literal do termo, para que não fiquemos cativos de uma adoração do objeto amado, percebido tão somente como silhueta adorada.

São muitas as proposições sobre o mal-estar do amor, ou seus mal-estares, que Lacan enuncia neste seminário *Les non dupes...* (S21). Ele fala dessa "debilidade" que se chama "amor eterno"... para concluir que, para sair do mal-estar do amor, é preciso que possamos conferir ao amor a sua "regra de jogo". O que está em questão em toda "regra de jogo" são regras na ordem do simbólico, e ele irá propor que este simbólico — como veremos — ocupe o lugar do "meio", um lugar que assegure o enodamento entre o imaginário e o real.

Não esqueçamos que nesse seminário *Les non dupes...* (S21) estamos unicamente no contexto do Nó Borromeano de três consistências (NBo3) RSI. É só mais adiante, no seminário *RSI* (S22), que ele irá introduzir a necessidade do recurso a um quarto elo de enodamento que finalmente será nomeado, como sabemos, SintHoma (com H), em *O sinthoma* (S23).

A insistência no dois é abordada em sua estrutura, precisamente porque pode ser situada a partir do três do nó borromeano.

"[...] estou convencido", afirma Lacan, "de que só porque contamos até três [...] podemos contar dois [...]" (S21, **11/12/1973**). Parece-me que não há porque ficar neste "só" contamos até três. Esse é o mínimo com que contamos na abordagem do nó borromeano. Em nosso *Passo a passo 1* vimos que o inconsciente poderia contar até seis... ou talvez mais...

J. Allouch narra algo que circulava no seio da IPA. Por que Lacan mantém os seus pacientes em análise por tanto tempo? Resposta: para ensiná-los a contar até três! Nada mal como resposta! Inclusive para o campo da ciência. J. Allouch nos conta que o físico russo-americano George Gamos narrava algo semelhante. Um físico pergunta ao outro: Você conta até quanto? Longo silêncio... e finalmente vem a resposta: até três! E você? Longo silêncio... e resposta: até três!

O intuito de Lacan é, portanto, tirar o amor da dimensão do "dois" para conduzi-lo, por assim dizer, à im-paridade do "três".

A tentativa fracassada do "dois" pode ser lida, nesse contexto, como fracasso do "dois". Lacan tratou disso, seguindo Gödel, no dia **10 de maio de 1972**, em *...ou pior* (S19, 168-172).

Há Um. Tanto o real quanto o simbólico são, assim como o imaginário, em muitos aspectos, consistências autônomas. Cada Um, Um entre outros. E tem o "três" do nó, que é real. Mas "não há dois", o que impõe a forma do nó borromeano, que, como sabemos, inicia-se com um mínimo de três elos, três anéis de corda.

O que falha é o Dois, tentativa fracassada do amor, como dissemos, em fazer *"d'eux, deux"* (deles fazer dois... o assim chamado "casal"!).

■ ■ ■ ■ ■

Em nosso primeiro *Passo a passo 1*, enfatizei o aplanamento, *la mise à plat*, do nó — ou seja, a sua escrita. Essa escrita do nó dava lugar a uma distinção do nó, entre o nó borromeano de três levogiro e o nó dextrogiro.

Em *Les non dupes...* (S21) — insisto: quando ele ainda não recorre ao quarto anel de corda —, Lacan já identifica os três anéis de cordas distinguindo entre R, S ou I, nomeando-os, seja com o recurso a uma letra, seja com uma cor. Ele faz isso depois do que identifiquei como "A pré-história do nó borromeano RSI" (primeira parte do programa do nosso *Passo a passo*, programa apresentado no Volume 1, p. 13).

Das seis formas possíveis das apresentações escritas do nó borromeano RSI, temos três formas nas quais há giro para a direita (orientação dextrogira), três com giro à esquerda (orientação levogira).

É preciso recordar que essas seis possibilidades, que se diferenciam em sua apresentação escrita, remetem ao que é um mesmo nó, do ponto de vista topológico.

A distinção dextro/levo é uma distinção especular; porém, ela não é válida, não funciona, para o nó em sua materialidade no espaço.

MB nos lembra que Lacan examina as seis possibilidades de um NBo3 e faz corresponder aos três nós com orientação dextrogira (RIS, RSI e SRI) as três formas de amor que vamos examinar: o amor cortês, o divino e o masoquista.

Por outro lado, as três formas levogiras (RSI, SIR e IRS), ele faz com que elas correspondam à verdadeira religião, à topologia e à psicanálise.

Se o mal-estar, ou os mal-estares, do amor provêm da tentativa fracassada de deles fazer dois (*faire d'eux, deux*), o "saudável" — digamos, inclusive o terapêutico — do amor reside então em sua possibilidade de evitar que ele se cristalize numa forma nodal não borromeana, na qual se estabelece um laço "a dois", que chamamos de um "enlace" contrário ao borromeano.

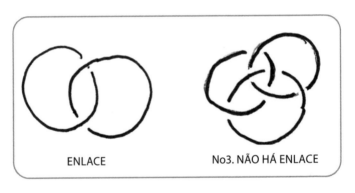

Figura 1.1: Enlace de dois e sua diferença com um NBo3.

A forma, por assim dizer, um pouco mais "digna" do amor consistirá, para Lacan, em evitar a cristalização desse tipo de enlace...

Lacan se detém, pois, em *Les non dupes...* (S21), no exame de três formas de amor instaladas em nossa cultura ocidental: o divino (o cristão), o cortês e o masoquista.

Ele reconhece que o cristianismo sabe algo da importância do "três". Esse três presente no dogma da Santíssima Trindade: Três em Um, que são o Pai, o Filho e o Espírito

Santo. Trindade paradoxal desse dogma, paradoxo do três em um. No seminário *O sinthoma* (S23), ele irá se deter, como veremos adiante, neste nó de "três" (uma só consistência com três cruzamentos), identificando-o como o nó de trevo da paranoia (ver adiante o nó do "três em um", p. 73)

Figura 1.2: Nó de trevo.

Esse saber da Trindade, que ele saiba algo da importância do "três", é o que leva Lacan, ao que me parece, a falar do cristianismo como a "verdadeira religião".

Formula-se então o seguinte problema: como o amor, esse amor fracassado em "fazer dois", poderá ser cifrado a partir de uma cadeia borromeana que conte ao menos com três anéis de corda?

A "astúcia", por assim dizer, que Lacan encontra para dar uma versão borromeana do amor consiste em localizar em suas diversas formas — as três que vamos examinar — qual registro (S, I ou R) vem ocupar o lugar de elo intermediário.

Foi esse o *truc* (truque), diz J. Allouch, que Lacan encontrou. A propósito, ele nos lembra o sentido de *truc* em francês: maneira de atuar que requer habilidade, astúcia, estratagema... arranjo, meio concreto, máquina ou dispositivo que, no teatro, está destinado a gerar uma ilusão.

O lugar do "meio" poderá ser ocupado pelo simbólico, pelo imaginário ou pelo real numa cadeia-nó de três.

Na forma inicial da apresentação do NBo3 — vamos chamá-la de "circular" — não se pode situar o lugar do elo do meio... a menos que se recorra à sua orientação (tema que Lacan começa a desenvolver no final da aula do dia **8 de janeiro de 1974** de *Les non dupes...* (S21). Por ora, não iremos nos deter nisso...

Por outro lado, é fácil mostrar o lugar do anel de corda "no meio" em duas formas de escrita do nó:

- seja como nó olímpico (não borromeano);
- seja como NBo3 em sua escrita, apresentação, "estirada".

Em **18 de dezembro de 1973**, Lacan apresenta assim uma forma do nó olímpico, em que destaca o papel "central" do elo intermediário, pois ele é o único que, ao romper, rompe a cadeia:

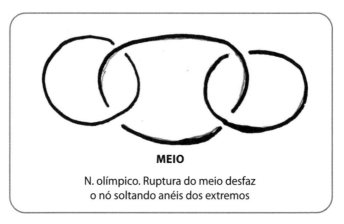

MEIO
N. olímpico. Ruptura do meio desfaz
o nó soltando anéis dos extremos

Figura 1.3: Nó olímpico em que a corda do meio desempenha um papel de sustentáculo das outras duas.

Quanto à apresentação do lugar do "meio" numa cadeia estirada de um NBo3, nós a encontramos na seguinte escrita do nó borromeano de três que Lacan já havia apresentado no início do Capítulo X de seu seminário *Mais, ainda* (S20):

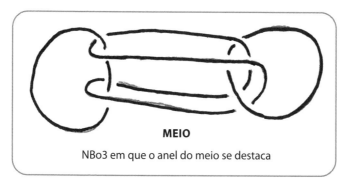

Figura 1.4: Forma estirada do NBo3, em que fica localizado o anel do meio.

Em **11 de dezembro de 1973**, Lacan afirma: o dois é o que "cai (junto)" do três. Ele deve ser pensado a partir do três:

> O dois não pode ser outra coisa, a não ser aquilo que cai junto com o três. Por isso este ano peguei como tema [...] o nó borromeano [...] Por causa de algo que é da ordem dessa debilidade que se chama "amor", com o qual não podemos fazer nada melhor do que dar um jeito, se haver com isso [...]. (S21)

Fazer cair o dois, essa seria uma maneira de tratar os mal-estares do amor.

Lacan já havia examinado diversas formas de amor em *Mais, ainda* (S20), relacionando-as às fórmulas da sexuação: o amor cristão, o amor cortês, o amor masoquista e o *a-muro*, que vão se sobrepor a cada uma das fórmulas da sexuação e serão declinadas segundo a lógica modal. Não me detenho no tema das formas lógicas do amor. Para esse tema da declinação das formas de amor "modais" em *Mais, ainda* (S20) e nodais em *Les non dupes...* (S21), recomendo a leitura do livro de Diana Rabinovich, *Modos lógicos del amor de transferencia* [Modos lógicos do amor de transferência] (Buenos Aires: Manantial, Estudios de psicoanálisis, 1992).

Lacan se detém bastante no exame da forma do amor divino (cristão). Ele quer salientar a presença desse amor inclusive naqueles que se acreditam fora da área do cristianismo... os ateus...

Ele insiste que essa estupidez do amor eterno é portadora de uma espécie de "verdade". E por isso vale a pena concentrar-se criticamente nessa figura.

Como Freud, enfatiza o absurdo, o paradoxo do imperativo do amor cristão "amarás o teu próximo como a ti mesmo", e pergunta ao seu público ironicamente: "Que efeito produziria em vocês se eu lhes disser", dirigindo-se aos homens, "Tu amas a tua próxima [no feminino] como a ti mesmo?". Maneira de ilustrar que "esse preceito funda a abolição da diferencia dos sexos..." e esclarece: "quando eu disse que não há relação sexual, não disse que os sexos se confundam, muito pelo contrário!"

Antes de abordar as três formas dos nós do amor apresentados por Lacan, é preciso aclarar o que ele situa no furo de cada uma das três consistências em jogo: R, S e I.

No furo do real ele situa a morte.

No do simbólico, o gozo (no singular, é importante destacar).

No furo do imaginário, o corpo.

Chama a atenção — mas isso testemunha a dimensão da busca de Lacan com a topologia nodal: sonda, volta atrás em algumas coisas, deixa outras caírem, modifica perspectivas etc. — que ele fale da morte como o furo do real. Isso porque, no nó de "A terceira" (ver o nó de "A terceira" em *Passo a passo 1*, p. 76), ele havia escrito nesse furo não a morte, mas a vida. Ainda que não haja vida sem morte e a morte possa ser considerada estreitamente soldada à vida... não é um argumento que nos possa convencer!

Então, retornamos à pergunta: furo do real, vida ou morte? Lacan parece oscilar...

Por outro lado, que a morte se localize no furo do simbólico é algo que nos é mais familiar: o simbólico é essa função que "fura" o real, que introduz esse assassinato da "coisa" — da coisa em si — produzido, então, pela própria linguagem. Não obstante, nesse momento da análise dos nós do amor, ele localiza no furo do simbólico não a morte, mas sim o gozo. Como ler isso?

"Gozo" está no singular. Vale dizer que é o gozo precisamente na medida em que ele "não existe" como todo, pois é sempre gozo limitado; é esse gozo que deixa no lugar do Outro (da linguagem) uma desertificação do gozo (que identificamos com o conceito de castração). Corresponde ao momento em que Lacan insiste, pois, na separação entre o gozo e o simbólico — como linguagem.

No entanto, já em *Mais, ainda* (S20), é dada ênfase à linguagem como produtora de gozo, não como agente privadora de gozo.

Não se trata de contradições, mas sim de perspectivas diferentes das relações entre a linguagem e o gozo.

A escrita nodal nos confronta, por outro lado, com o gozo no plural. Com os gozos no plural: fálico, do sentido, do $S(\bar{A})$. Com um metabolismo do gozo em que eles interatuam, ex-sistindo uns aos outros e um limitando-se enquanto os outros se incrementam.

O gozo no singular é esse gozo que não existe como "todo", pois está necessariamente marcado pela perda que a linguagem introduz. Essa passagem do gozo no singular à sua pluralização indica distintos estratos do gozo.

Quanto ao furo do real, deixamos em aberto a questão que retomaremos: vida ou morte?

No furo do imaginário, Lacan escreve "corpo", o que depois será mantido. Trata-se do corpo — lembro, repetidas vezes — como suporte da substância gozante, enquanto corpo gozante; não se trata do corpo reduzido à sua forma especular. Trata-se do corpo, posso dizer, em todo o seu volume como suporte da substância gozante; essa substância cuja existência Lacan postula como única "substância" que concerne à prática analítica.

▪ ▪ ▪ ▪ ▪

Vou apresentar, portanto, os três nós do amor.

Neste contexto, opto, entre as duas apresentações em que se destaca o anel de corda do "meio", pela apresentação das três formas de amor a partir da versão do nó olímpico, em que o anel do meio desempenha um papel importante: se for cortado, toda a cadeia-nó se desfaz, como se pode ver na *Figura 1.3*.

Com essa opção, enfatizo então o "fracasso" dessas formas do amor. Fracasso que se lê na escrita nodal por não conseguir "borromeizar-se". Ou seja, ele não consegue cifrar-se em três de maneira borromeana.

▪ ▪ ▪ ▪ ▪

Vejamos, antes de qualquer coisa, a escrita do amor divino.

No amor divino, o simbólico (gozo) enoda — de maneira não borromeana — o real da morte com o imaginário do corpo.

A cadeia-nó do amor divino é, pois, de tipo R-S-I.

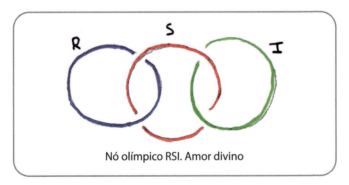

Figura 1.5: Cadeia do amor divino (R-S-I).

Lacan esclarece: "é aí que se realiza essa coisa louca [...] esse esvaziamento do que acontece com o amor sexual [...]". Separação, que às vezes se quer radical, entre o amor e o sexo.

Assim se realiza, de acordo com Lacan, "essa perversão do Outro", instância na história declinada em termos de falta original; em termos do pecado original e de todas as suas consequências — a menor delas não sendo o vínculo que ele promove entre sexualidade e culpa.

Para Lacan, que se faz historiador das formas do amor no ocidente, esse amor cristão preserva, de algum modo, um determinado traço do antigo mito pré-cristão do amor platônico.

Ele instaura no corpo essa espécie de "levitação" sublimatória de "insensibilização" do corpo; esvaziamento do amor sexual, do amor sexualizado: são essas as consequências do amor cristão.

Essa configuração do amor divino é levada ao extremo nas heresias — condenadas pela Igreja — promovidas por Sabélio e por Ário no século IV. Algumas dessas heresias promovem a evitação de todo e qualquer contato corporal, num empuxo mortífero que chega até à própria possibilidade da reprodução da espécie.

Lacan vê, nos promotores dessa coisa louca que é o amor eterno, os servos de um Outro sádico, termo com o qual Lacan cinge o cristianismo como uma espécie de sadismo *avant la lettre*, que encontrará o seu contraponto masoquista no culto do sofrimento encarnado — entre outros, no culto da crucificação, cuja iconografia se entroniza na cabeceira das camas de casal. Barreira do sofrimento que, com o cristianismo, vem no lugar da barreira dos bens e do belo, apresentadas em *A ética da psicanálise* (S7).

Lacan oferece uma breve definição dessa modalidade do amor cristão: "a relação do corpo com a morte está articulada pelo amor divino de tal maneira que faz com que o corpo se torne morte, e que, por outro lado, a morte se torne corpo — e isso por meio do amor"

Essa articulação entre a morte (R) e o corpo (I) se articula sobre o fundo da promessa do gozo beatífico dos corpos gloriosos, no momento da ressurreição da carne. Falsa promessa de um amor eterno e sem limites.

O amor divino converte assim o corpo vivo em corpo morto — morto para o gozo sexualizado —; e, em contraponto, converte o corpo morto num corpo vivo — com possibilidade de um gozo beatífico na eternidade.

Ele oscila, portanto, entre a negação do corpo sexualizado que acarreta uma renegação da castração e a promoção de um "todo" gozo eterno... impossível!

■ ■ ■ ■ ■

Em seguida, Lacan examina a figura do amor cortês em que o imaginário — via barreira da beleza do corpo feminino — se alça para afastar a consumação do ato sexual. Ainda que seja preciso matizar, pois não há provas de que no amor cortês todo ato sexual seria evitado. Mas o que constitui a sua originalidade, a sua forma de escrita, a sua poética, é o distanciamento do objeto amado.

Nessa forma o imaginário vem no lugar do "meio", que assegura um determinado enodamento entre o real e o simbólico. Temos, pois, uma cadeia-nó R-I-S:

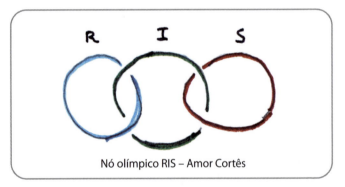

Figura 1.6: Figura do amor cortês: cadeia R-I-S.

"O que o anel de corda do imaginário tomado como meio nos demonstra? [...] o amor [está — diz Lacan —] em seu lugar, o que ele teve desde sempre".

Lacan prossegue fazendo de si, como disse, um historiador do amor. Esse "desde sempre" é problemático, justamente porque se veem desfilar diferentes variações das figuras do amor ao longo da história... Sua interpretação "histórica" e condensada consiste em afirmar que, no amor cortês (dos séculos XII e XIII), algo do amor platônico retorna ao promover a barreira da "beleza".

O amor cortês é situado como sutil suplência da não relação sexual: se ele "finge" — espécie de artifício do amor cortês, seu "*truc*" — que não há relação sexual, isso se deve aos obstáculos por ele interpostos. Entenda-se: então não seria questão de um furo inviolável da estrutura da impossibilidade de escrever a proporção/relação sexual.

Lacan sustenta que no amor cortês volta a surgir certos traços característicos da antiga figura do amor "eterno". Há proximidade entre o amor cortês e o que uma determinada literatura antiga testemunha — por exemplo, Catulo na homenagem feita a Lésbia.

Essa referência nos remete a um dos maiores poemas líricos do amor, que, na realidade, foi escrito duas vezes. Em primeiro lugar, foi composto por Safo, habitante bem conhecida da ilha de Lesbos (600 AC), escrito em dialeto grego. Ele é conhecido como poema "Safo 31", por vir nessa posição no corpo tradicional de suas obras. Esse poema é geralmente mais conhecido em sua tradução latina feita pelo jovem poeta romano Catulo (nascido em 84 AC); tradução tão particular que pode ser considerada uma nova versão do poema sáfico. Costuma-se classificá-lo como "Catulo 51" pelo lugar que ocupa em suas obras. Vale a pena remeter-se a essa versão do poema que enfatiza o papel do "olhar", dado que a cena de amor é descrita em termos de um terceiro que percebe, nos olhos do amante, o seu amor pelo amado.

Lacan menciona também em seu seminário *A ética* (S7) a arte do amor ovidiana.

No amor cortês, portanto, a beleza ocupa um lugar análogo ao que teria tido no amor platônico.

O amor cortês é então apresentado como uma espécie de ressurgimento histórico — de breve duração, decerto — do antigo mito do amor.

As referências ao amor cortês são múltiplas em Lacan. Basta recordar *A ética da psicanálise* (S7). Não vou me estender neste contexto sobre a riqueza dessas reflexões. Eu as apresentei num trabalho sobre o amor cortês com o título "Una estrategia de la espera" [Uma estratégia da espera] (inédito).

Recordo aqui certa forma de tensão entre o amor cristão e o amor cortês, plasmada no fato de que a Igreja vai acabar proibindo, por exemplo, o Tratado de Capelão, tradutor da arte do amor ovidiana.

A partir dessa tese histórica, Lacan pode afirmar: o amor divino substituiu o amor cortês, que, por sua vez, é um retorno, em alguns de seus traços, do amor platônico, "o amor eterno".

■ ■ ■ ■ ■

Assistimos então a outra forma de deslocamento com o amor chamado de "masoquista", que, na realidade — algo que acredito necessário precisar —, coloca em cena mais o desejo sexual do que o amor.

O desejo (sexual) renegado no amor cristão — e, de certa forma, deixado em segundo plano no platonismo sublimatório e no amor cortês — "foi empurrado para outro lugar, a saber: ali onde o próprio real (da morte) é um mediador entre o simbólico (o gozo) e o imaginário (o corpo gozante)".

No masoquismo, a morte e o desejo se associam, se articulam, pela via do sofrimento. Barreira do sofrimento que instaura propriamente o cristianismo, lá onde antes estava a barreira da beleza.

A figura olímpica do "masoquismo" se apresenta assim, portanto:

Figura 1.7: Figura do masoquismo: cadeia S-R-I.

Temos assim uma espécie de dupla cifração do amor cristão: o amor a Deus e ao próximo, amor chamado de "divino" nesse contexto; e outro que concerne à inclusão do gozo — ou melhor, do desejo sexual —, perversão cristã que leva o nome de "masoquismo". O real em posição de meio, como exaltação da morte — pela via do sofrimento — unindo assim o gozo (S) com o corpo (I). Ambas as formas do amor, divino e masoquismo, são vistas por Lacan, nesse contexto, como uma determinada forma de perversão — seja sadismo, seja masoquismo — promovida no cristianismo.

■ ■ ■ ■ ■

Temos apresentadas, então, as três cadeias-nós de tipo olímpico.

Se nas duas primeiras o "meio" opera para assegurar um amor dessexualizado, no masoquismo um desejo sexualizado vem nesse lugar.

Lacan não diz nada, nesse contexto, acerca de um desejo sexualizado no masoquista... todo um tema sobre o qual não me detenho, mas que dá ênfase a certa verdade do masoquismo, em que o amado se oferece no lugar do "*a*".

■ ■ ■ ■ ■

A psicanálise está na época em que impera a forma do amor cristão. Seria o caso, então, de retornar ao amor eterno (cadeia R-I-S) via sublimação, com a beleza em primeiro plano?

Seguramente não!

O "erro" — melhor dizendo, o "fracasso" — do cristianismo tem como base o seu desconhecimento / a sua denegação do inconsciente, claramente definido nessa época, por Lacan, como um saber no qual a dimensão do real intervém.

Para Lacan, é preciso então introduzir o saber — do Ics — na questão do amor: "[...] o amor é a relação do real com o saber [...] é preciso que se saiba que a psicanálise é um 'meio', [que] se mantém no lugar do amor..." alusão, sem dúvida, ao amor de transferência. Assim, Lacan prosseguirá, em *Les non dupes...* (S21), com reflexões em torno da transferência.

Se o amor divino deslocava o desejo (sexual), o denegava, desligando todo vínculo amor/desejo, o amor de transferência tem de vir no lugar disto que o amor divino rejeita, a saber: a conexão amor/desejo inconsciente. Não sem uma distinção da diferença estrutural entre o objeto de amor e o objeto do desejo, tal como Lacan demonstra em seu seminário sobre *A transferência* (S8).

Cabe assinalar que o importante é que Lacan situa, por assim dizer, os "limites" do amor, extraindo-o da "debilidade" de concebê-lo como "eterno".

O amor de transferência, motor do tratamento analítico — e também, como o sabemos, resistência — é um amor limitado, com um final programado.

■ ■ ■ ■ ■

Lacan propõe então retornar ao enodamento RSI, mas para distingui-lo, decerto, do amor divino. Vale a pena assinalar que em **12 de março de 1974** encontra-se a definição do corpo como substância gozante: "o corpo goza de si mesmo; goza, bem ou mal, mas está claro que esse gozo o introduz numa dialética em que é preciso, incontestavelmente, outros termos para que fique em pé, a saber: nada menos que o nó [...]"

E ele propõe a "manobra" positiva do amor: "Que o gozo possa reduzir-se [*écoper*: ceder, baixar de tom, poderíamos dizer; noutros lugares, Lacan falará em desvalorização do gozo] a partir do momento em que o amor for algo um pouco mais civilizado, isto é, quando ele responder a certas 'regras do jogo'. Não é garantido que isso aconteça, mas, no entanto, poderia ser pensado, se posso dizer assim". Lembre-se que o amor constitui obstáculo ao discurso capitalista, qualificado por Lacan como aquele discurso que não quer saber nada das coisas do amor. Uma maneira de dizer também que ele quebra todas as regras do jogo.

Um amor "um pouco mais civilizado" quer dizer que ele responde a certas "regras do jogo" (simbólicas, discursivas); um amor que soubesse jogar com regras diferentes as tentativas fracassadas do amor divino, do cortês e do masoquista.

Essas "regras do jogo" das quais o discurso capitalista "nada quer saber".

As "condições" do amor valorizado por Lacan seriam, portanto:

1. que seja da ordem do volume;
2. que deixe de lado o imaginário como meio;
3. que não deixe de lado a "regra do jogo", que só pode vir do simbólico. É só a partir do simbólico que se podem determinar as regras de jogo, não a partir do imaginário.

> "[...] o amor não é feito para ser abordado pelo imaginário. Quando perde o caminho, é porque desconhece a regra do jogo, e articula os nós do amor permanecendo na metáfora".

Considerar o amor em sua espessura, em seu volume, consiste então em extrair seu "jogo" do registro imaginário, assim como extraí-lo do campo da metáfora. Campo que, comparado com a "metáfora do amor" apresentada no seminário da *Transferência* (S8), introduz outra perspectiva, outra modalidade também com relação àquela apresentada em *Mais, ainda* (S20). Perspectiva, pois, de uma nodalidade do amor.

■ ■ ■ ■ ■

Em **12 de março de 1974**, Lacan formula a sua proposta: "Se o amor se converte num jogo do qual se conhecem as regras, [...] se funcionasse unindo (conjugando) o gozo do real com o real do gozo, será que não seria isso o que faria com que o jogo valesse a pena?".

Essa proposta é portadora de um enigma: o que entender por "real do gozo"?

Por fim, Lacan opta pela cadeia R-S-I — combinatória das três dimensões que dará o nome do seminário seguinte: *RSI* (S22).

O amor cifrado como RSI, o amor em jogo na análise, implica que o analista esteja convocado a deslocar-se em relação ao amor cristão que pode ser cifrado com a mesma cadeia. Ele se diferencia do amor divino, então, por mais isomorfismo — ou, em linguagem nodal, equivalência — que haja entre eles.

É só aparentemente — já veremos por que digo isso — que possuímos para o amor de transferência a mesma cifração que temos para o amor divino...

A mudança substancial reside no fato de que o "meio" do amor, do amor de transferência, é limitado e tem um fim, no duplo sentido da palavra: um final temporal e um objetivo, o de apontar para o real. Uma conexão entre o gozo do real e o real do gozo.

Em todo caso, por mais enigmática que resulte essa proposta, ela vai no sentido de ir além, e de romper o círculo vicioso do gozo (S), do corpo (I) e da morte (R).

Isso se produz sobre o pano de fundo de uma modificação da concepção do corpo "belo", do corpo que é objeto de "adoração". O corpo é agora suporte — não uma silhueta — da substância de gozo.

Como entender esse vínculo entre o gozo do real e o real do gozo? O que enoda o corpo gozante com o Real?

O gozo do real produz o "real do gozo"? O que seria esse "real do gozo"? Um gozo do vazio de sentido, do gozo fora de todo sentido...? Sem dúvida ele não se refere ao gozo fálico fora do corpo, e menos ainda ao gozo do sentido.

Então, onde situá-lo? Do lado desse gozo "outro" que Lacan situa no lugar do S($\mathbb{A}$) a partir do seminário *O sinthoma* (S23)? Talvez!

■ ■ ■ ■ ■

A fórmula que Lacan propõe para um amor "mais digno" se apresenta, então, como uma cadeia-nó R-S-I.

Em **16 de janeiro de 1973**, no seminário *Mais, ainda* (S20), Lacan se havia comprometido com mostrar de que maneira o amor se conjugava com o gozo sexual.

Com essa fórmula ele cumpre, em parte, a sua promessa.

E para esclarecer esse misterioso e enigmático "real do gozo" não se pode deixar de invocar o saber, a relação do saber — o que seria saber do (ou no) real, saber do inconsciente sem sujeito — com o gozo... Assim se vê aparecer, na sucessão do Seminário 21, a problemática do laço entre amor e saber, evocação do amor vinculado ao sujeito suposto saber na transferência — tema que ocupará Lacan depois das considerações sobre as três formas de amor que expus, até o final de *Les non dupes...* (S21).

A partir da experiência analítica, Lacan tenta fazer renascer uma forma de amor "nova", um "novo" amor.

■ ■ ■ ■ ■

TRANÇAS E NÓS DO AMOR

Para concluir este tratamento "nodal" do amor, vamos recorrer ao uso da trança, que nos permitirá traçar o trajeto temporal que vai de um enodamento olímpico (fracasso do amor) a um nó borromeano (um novo amor mais digno).

Introduzimos, pois, a noção de "trança", que retomaremos nas próximas intervenções. Lacan apresenta uma trança pela primeira vez no seminário *Les non dupes...* (S21), que seguimos precisamente para o tratamento dos nós do amor.

Fabián Schejtman é uma referência muito útil para abordar essa escrita das "tranças". Ver, em sua obra de referência, *Sinthome: ensayos de clínica psicoanalítica* [Sinthome: ensaios de clínica psicanalítica], o ponto A.d (em seu "Anexo A. Sobre nudos y trenzas [Anexo A. Sobre nós e tranças]", a partir da página 391), onde ele aclara que a trança é um objeto matemático abstrato, tal como o nó. Apresenta-se, num diagrama, uma planificação de cordas que corre de uma barra horizontal situada no topo até outra barra horizontal situada na base.

No que se segue, temos que recordar um teorema, o teorema de Alexander, formulado em 1923, que explicita a relação entre trança e nó: todo nó ou cadeia-nó provém do fechamento de uma trança, mas o contrário não é válido. O fechamento de tranças distintas pode levar ao mesmo nó.

Em minhas próximas intervenções, vou me deter no valor que o uso da trança pode ter por abrir, diferentemente do nó, uma dimensão do diacrônico, do temporal, do tempo em jogo na construção de um ou outro nó. Por ora e sintetizando: a trança está para o aberto assim como o círculo está para o fechado. Logo veremos que uso Lacan faz disso.

■ ■ ■ ■ ■

Para o nosso "passo" atual que nos conduz do círculo fracassado do amor ao cifrado de um amor mais digno, limito-me a apresentar os dois tempos que nos interessam de uma trança, bem como os nós que lhes correspondem.

Isso me permite ilustrar a "passagem" de um nó olímpico de três anéis que não é borromeano a um NBo3.

Apresentamos — para este caso — uma trança feita com três fios: 1 (R), 2 (S) e 3 (I).

Mantemos, em todo o nosso *Passo a passo 2*, o código de cores utilizado no Volume 1: azul para R; vermelho para S; verde para I. E preto para o SintHoma, quando tratemos do NBo4.

Examinamos os três primeiros movimentos (cruzamentos) desta trança, passando assim de R-S-I (extremos do "topo" do fio da trança) a I-S-R (extremos da "base").

Pergunta para Chapuis: O que se obtém com o fechamento dessa trança?

Chapuis: Quando se trabalha com tranças — com seus diagramas formalizados —, está estabelecido que hão de fechar-se unindo as cordas na mesma ordem que aparecem no topo e na base. Esse caso corresponde a uma cadeia de 2 elos.

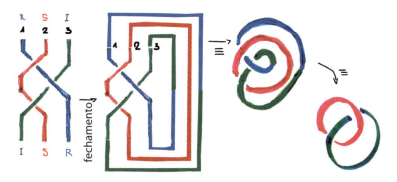

Figura 1.8: Trança com três cruzamentos > cadeia de 2 cordas.

Nota explicativa: onde 1 passa por baixo de 2 e por cima de 3; 2 por cima de 1 e por baixo de 3. E 3 por baixo de 1 e em cima de 2. Passamos de 123 a 321. Se as cordas se atam, se 123 se unem com os extremos 321 (1 com 3, 2 com 2 e 3 com 1), obtemos 2 anéis enlaçados: o vermelho e outro formado pela continuidade do verde com o azul.

Essa seria uma escrita da "falha" do amor. Mas o seu fracasso, de que fracasso se trata? Do fracasso em conseguir borromeizar-se. Ele não permite a escrita de um nó borromeano.

O que falha é a borromeização; um determinado tipo de amor faz a subjetividade, pensada como realização de um borromeano, fracassar. O amor assim configurado impede a realização da subjetivação, concebida como possibilidade de fazer um nó borromeano.

Lacan fala então de "cair no meio", "cair no amor".

O sujeito se realiza como nó, mas não como nó borromeano.

■ ■ ■ ■ ■

Se consideramos, em vez disso, o entrançado em seu movimento — como movimento possível do tratamento e do amor de transferência — podemos continuar trançando e chegar assim a seis movimentos (seis cruzamentos dos fios); e se unimos 1 com 1, 2 com 2 e 3 com 3, obtemos, agora sim... um nó borromeano!

Lacan apresenta, em *L'insu...* (S24), na quinta lição de **18 de janeiro de 1977**, a maneira como a trança está no princípio do nó borromeano... Depois de ela se cruzar seis vezes... e tão logo se cruzem de maneira correta os três fios... depois de seis manobras... constitui-se o nó borromeano. Ao fim de seis manobras da trança, elas voltarão a encontrar a ordem (para nós aqui, R, S e I): "A ordem, na sexta manobra, o 1, o 2 e o 3. É isso que constitui o nó borromeano".

Lacan apresenta-os assim neste seminário (S24):

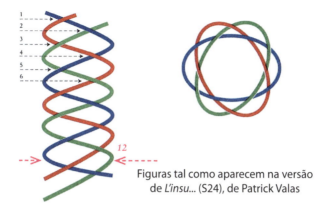

Figuras tal como aparecem na versão de *L'insu...* (S24), de Patrick Valas

Figura 1.9: A trança com seis movimentos de entrançamento. Fechamento equivalente a um nó borromeano.

Chapuis: Na realidade, o diagrama de nó da Fig. V-4 da versão de P. Valas, corresponderia à trança que termina depois do ponto de cruzamento marcado como 12 (a base da trança no nível das flechas magenta).

Nós podemos apresentá-la assim:

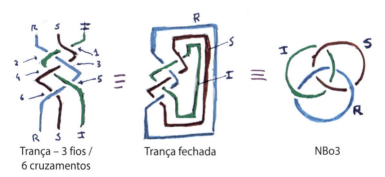

Trança – 3 fios / 6 cruzamentos   Trança fechada   NBo3

Figura 1.10: A trança com seis movimentos de entrançamento. Fecho equivalente a um nó borromeano.

Que o entrançamento fique nos três movimentos ou prossiga até seis é toda a diferença entre uma psicoterapia e uma análise, afirma J. Allouch.

Com esse movimento de seis cruzamentos, eis aqui o "acontecimento" de um dizer (da análise) evocado em **18 de dezembro de 1973**: "o homem não passa de um dizer enquanto acontecimento".

A análise não nos confronta, então, com uma versão definitivamente fatalista (fracassada) do amor.

Lacan não forneceu precisões sobre o que entendia por "real do gozo"; e mesmo não tendo prosseguido, ao que me parece, analisando as potencialidades do nó borromeano vinculado com as formas do amor, a escrita desse nó borromeano do amor em *Les non dupes...* (S21) constitui, nas diversas concepções do amor propostas por Lacan, um giro a partir do qual ele irá voltar a ocupar-se, a interrogar-se, como dissemos, acerca do amor de transferência. Logo, tem um valor clínico incontestável.

Em nossa próxima intervenção, vou mergulhar nos nós de *O sinthoma* (S23), que coloca em cena o "caso" de Joyce. Também examinaremos diversos rodeios realizados por Lacan nesse seminário quanto à topologia nodal, e outras diversas questões que não concernem somente ao "caso Joyce".

Para as próximas intervenções, convém então que tenham disponível o (S23), assim como o precioso livro de Colette Soler, *Lacan, leitor de Joyce* (publicado pela Aller).

2. A boa lógica de Joyce

Fevereiro de 2018

O dizer e a ressonância.
Características diferenciais dos nós: abertos e fechados.
Equivalências.
Univocidade de um nó.
Rigidez do nó.
Furos falsos e verdadeiros.
Tranças e nós.
Reta infinita.
Cortes em um nó, envolvente/envolto.
Os NBo4 do Seminário 23.
Nó de trevo, nó da paranoia.

Nestas próximas intervenções, vou apresentar o percurso pelos nós tal como os encontramos no seminário *O sinthoma* (S23). Já havia sido esboçada a passagem do NBo3 ao NBo4, e em *RSI* (S22) já foi indicada a necessidade da quarta consistência.

Lacan menciona que RSI são essas "três funções que só existem uma para outra em seu exercício no ser que, ao fazer nó, julga ser homem. [...] porque eles [R, S, I] já são distintos, de modo que é preciso supor um quarto, que, nessa ocasião, é o sinthoma". Porque "o laço enigmático" entre I, S e R "implica o supõe a ex-sistência do *sinthoma*" (S23, 20-21)[1].

---

[1]Retificamos a versão Zahar e Seuil para essa frase, na qual figura "sintoma/*symptôme*" em vez de "sinthoma/*sinthome*", tal como aparece nas estenografias e na versão ALI: "L'ex-sistence du symptôme c'est ce qui est impliqué par la position même, celle qui suppose ce lien — de l'Imaginaire, du Symbolique et du Réel — énigmatique".

É um seminário que está colocado sob o signo da busca. Lacan busca, dá voltas, propõe formas de nós, aborda questões e apresentações de passagem, as quais muitas vezes ele não tarda a largar.

Não se trata, pois, de fazer um percurso exaustivo. Há mais coisas no *sinthoma* (S23), sem dúvida alguma, do que as que se encontrarão em nosso *Passo a passo 2*. Este ano (2018), Christian Fierens publicou o seu *Lecture du sinthome* [Leitura do sinthoma], pela Editora Érès, que incluímos na bibliografia.

Esse seminário é, como sabem, uma análise de caso: o "caso Joyce". Não nos voltaremos aqui aos dados biográficos, tampouco à produção literária de James Joyce...

Por isso o desenvolvimento dessa parte do seminário deve ser acompanhado por uma referência que remeterá, ela sim, ao complexo caso de Joyce. Trata-se do precioso livro de Colette Soler: *Lacan, leitor de Joyce*, publicado pela Aller Editora (São Paulo, 2018).

Lacan, nesse (S23), elucubra acerca dos nós até chegar a apresentar o que seria a "solução" borromeana de Joyce, obtida apesar da "forclusão de fato" do pai.

Na última intervenção do (S23), em **11 de maio de 1976**, ele irá apresentar assim os "nós de Joyce" (ver neste *Passo a passo 2* a partir da p. 142).

Joyce: o sintoma (!). É esse o título da conferência ministrada em **16 de junho de 1975**, no grande anfiteatro da Sorbonne, como abertura do simpósio internacional sobre James Joyce.

Embora essa conferência utilize a ortografia comum, "sintoma", já desde o início de *O sinthoma* (S23), em novembro de 1975, Lacan passa para a ortografia *"sinthome"*, que concordamos escrever sinthoma. *"Sinthome* é uma forma arcaica de escrever o que posteriormente se escreveu *symptôme"* (S23,11).

Tento manter sempre, ou quase sempre, a distinção entre as duas ortografias. Como já disse, e não sou a única a fazê-lo — ver, entre outros, C. Soler ou F. Schejtman —, elas remetem a enfoques diferentes. A escrita *sintoma* é utilizada em sua versão claramente clínica, a que remete ao gozo do sintoma, ao sintoma como metáfora e, inclusive, ao sintoma como letra.

A ortografia *sinthoma* se mantém para nos referirmos à consistência que faz com que um nó desenodado possa tornar a enodar de maneira borromeana, porque cumpre com uma função de nomeação das três di(z)mansões do *parlêtre*: R, S e I.

Vimos amplamente, em *Passo a passo 1*, que essa nomeação pode ser via sintoma, via angústia, ou então via inibição, se a colocarmos em correlação com a bem conhecida tríade freudiana.

■ ■ ■ ■ ■

Todo sinthoma — a esta altura já sabemos disso — é encarado por Lacan como uma solução. Quer dizer, é analisado em sua função de enodamento. Ele abre outra perspectiva sobre o sintoma, que não a do sintoma enquanto índice "daquilo que não anda". Formulá-lo como uma solução é, antes, um "fazer andar" o que não anda... por causa da proporção sexual que não se pode escrever.

Se a não escrita da relação/proporção sexual é válida "para todos", a solução, a suplência com a qual se responde a esse fracasso é, por sua vez, singular de cada um.

Todo *O sinthoma* (S23) se desenrola para que possamos captar qual é a singular invenção de Joyce. Dizer *Joyce: o sintoma* não aponta, portanto, para um diagnóstico, mas sim para nomear a singularidade da solução joyciana. Além de ser singular — como para todo mundo —, ela o é ainda mais para ele, pois Joyce há de inventar, criar essa solução sem contar com o apoio do Nome-do-Pai.

Joyce é louco? — pergunta Lacan. Seja como for, ele jamais irá rotulá-lo como "psicótico", precisamente porque

Joyce, fazendo uso de uma "boa lógica", teria conseguido sustentar seu ser com um enodamento borromeano.

> A boa maneira é aquela que, por ter reconhecido a natureza do sinthoma, não se priva de usar isso logicamente, isto é, de usar isso até atingir seu real, até se fartar (S23, 16).

Conviria, a partir dessa distinção ortográfica que mencionamos, falar de "Joyce, o sinthoma"? O singular de Joyce reside no fato de ele fabricar para si (por isso Lacan o compara a um *artificier* [artífice]) um sinthoma (ou seja, essa quarta consistência com a qual se estabiliza o NBo4), mesmo sem contar com o — não partindo do — sintoma pai. Sinthoma-pai que entra em jogo na estabilização do NBo4 da neurose.

Lembro, então, que reservamos a ortografia castelhana "sinthoma" (com "h"), para nos referirmos a esse quarto anel que garante o enodamento borromeano de um NBo de 4 consistências.

Lembremos que Lacan deslizou pelo Édipo de Freud, que cumpre a função de enodamento, para passar para o seu Nome do Pai, pai que nomeia — tese desdobrada desde *RSI* (S22) —; para passar para o pai *nouant/nommant* (que enoda nomeando).

A referência a Joyce se faz invocando a "boa lógica". Joyce seguiu a via de uma "boa lógica", fez uso da "boa lógica" para atingir um fiapo de real. A "boa lógica", digamos, é a que sabe se haver com "*me pantes*" (o não todo), em detrimento do *pan* (masculino) do organon da lógica clássica. Lacan comenta assim "o lado sagaz de Aristóteles, que não quer que o singular figure em sua lógica". E prossegue: "[...] daí minha fórmula sobre a mulher, e que renovo [...] servindo-me desse *me pantes* que é a oposição, descartada por Aristóteles, ao universal do *pan* [...]" (S23, 14-15).

Fazer uso de uma "boa lógica", no contexto do método nodal, é diferente do que é apresentado com a lógica de conjuntos, e se refere à lógica modal. Com a escrita nodal, o real definido como "impossível" pela perspectiva da lógica modal adquire outra dimensão (literalmente falando). Para dizer de maneira concisa, adquire uma "materialidade" que a lógica não lhe proporcionava. O nó é real. Há um "materialismo" do nó.

■ ■ ■ ■ ■

Vamos, pois, ao percurso *passo a passo* do Seminário 23, *O sinthoma*.

De saída, **em 18 de novembro de 1975**, nos encontramos com a nova escrita de *sinthoma* e com uma conexão entre o Dizer e o SintHoma. O pai não é somente um sintoma de gozo, é também um Dizer SintHoma. Lacan é muito preciso e ele afirma que aquilo que caracteriza o dizer faz um nó. Um dizer que tem como função um enodamento entre R, S e I.

Lembremos: é preciso distinguir "sintoma" e "sinthoma" como ortografias que remetem a funções diferentes. Se o "sintoma" — quer em sua vertente de metáfora (de sentido), quer em sua vertente de letra — aponta para uma função de gozo, o "sinthoma", com "h", se refere de maneira bem específica à função de enodamento. A passagem dos lapsos do NBo3 ao NBo4 se faz com o recurso à quarta consistência do sinthoma, em sua função de reparo, de suplência, dos lapsos do NBo3, assegurando assim o reenodamento entre R, S e I (ver *Passo a passo 1*, p. 145-ss).

Lacan havia anunciado que, depois de *RSI*, seminário do 1, 2, 3... no qual são apresentados os nós borromeanos de três anéis, iria tratar os nós com mais de três consistências: 4, 5 e 6... quer dizer, da escrita dos nós borromeanos de mais de três anéis de corda. Atravessado, ocupado por Joyce, ele só vai se ocupar dos NBo4 e de outros enodamentos. Entre eles, e em primeiro plano — como veremos —, o nó de trevo que ele chama de "nó de três": uma consistência com três cruzamentos.

Nesse seminário (S23), Lacan põe à prova a pergunta: o que acontece quando um *parlêtre* — no caso, James Joyce — não dispõe do sinthoma-pai para fazer o nó *pépère* (confortável) do neurótico? O que acontece quando há "forclusão de fato" do pai, como ele postula que aconteceu com Joyce? Que invenção (ou criação) vem no lugar da falha da solução via sinthoma-pai?

Joyce, apesar dessa "forclusão de fato", consegue borromeizar-se — é essa a avaliação do S23 — inventando, com a sua arte (arte-dizer), uma forma de suplência ao Nome-do-Pai forcluído. Ele não consegue de saída, mas sim depois de um longo processo, que veremos com suas várias etapas que apresentarei como "os três estados do nó de Joyce" (ver p. 132).

Lacan invoca essa via da "boa lógica", a que foi seguida por Joyce; uma via que não teria sido a da "turma" de Freud, demasiado apegada ao "Édipo". Dessa turma, diz Lacan, "não se pode dizer que haja alguém que tenha seguido a via que chamo de boa lógica".

Não se trata de um exercício de maestria no uso da lógica. Joyce não sabe que procede por essa via da "boa lógica" atribuída a ele por Lacan. Ele faz isso "sem saber".

Recorrer a uma "boa lógica" mesmo sem saber — e diria que é sempre sem saber conscientemente — é necessário para a abordagem do real.

Esse real que não se confunde com um dado imediato da "natureza": o homem está separado para sempre da natureza por causa da linguagem, que introduz o fracasso da relação/proporção sexual, que nenhuma "ordem" simbólico consegue escrever.

Surge a pergunta: o que poderia advir de um discurso que não fosse do semblante? Como a prática analítica — prática de palavra — pretende, não obstante, "tocar", alcançar, nem que fosse um fiapo (*un bout*) desse real?

Pode-se apostar que aquilo que não se pode escrever cessará de não se escrever?

Não! Não podemos esperar da psicanálise que, enquanto discurso, ela deixe de ser um discurso do semblante. Mas, na prática da análise que põe em jogo não somente o discurso (o discurso do analista), mas o ato (o ato da análise), aponta-se para uma máxima redução possível do semblante. Uma psicanálise pode conduzir, sem dúvida, a um *savoir faire* [traquejo] (*savoiryfaire* [ter as manhas], diz Lacan) com o núcleo de real presente no centro do gozo do sintoma irredutível. Ela *somente* nos dará acesso a um "fiapo" de real, por um lado; e, pelo lado da verdade, somente nos dará acesso a uma verdade "pela metade" — a verdade é sempre um "semidizer", tanto quanto a mulher é "não toda", insiste Lacan em (S23).

De nenhum modo se trata de ter na mira a restituição do que seria essa outra metade da verdade que escapa. Retornaríamos à concepção de um "todo" universalizante, cuja subversão é aquela que, no meu entender, é a subversão fundamental operada por Lacan.

Teremos então de recorrer a uma "boa lógica" para atingir algo que seja da ordem do real. Uma lógica que implica um "dizer". Um dizer que cause uma ressonância a partir da qual se consiga abalar algo da insistência e da repetição do inconsciente. Essa ressonância que Lacan também evoca em *Les non dupes...* (S22) quando se referiu ao amor (ver primeira intervenção deste *Passo a passo 2*).

Com seus nós, Lacan quer produzir a ressonância de seu dizer, que amplia, por assim dizer — ou melhor, inaugura — um novo dizer para a psicanálise; que aclara, com a luz rasante do real, o discurso do analista.

O termo "ressonância" evoca a metáfora musical, já que uma corda (os anéis de corda que formam os nós) vibra, ressoa... uma corda produz uma ondulação que forma algo como "barrigas", ondulações que vibram...

Essa metáfora musical não deixa de nos evocar que "[...] as pulsões são, no corpo, o eco do fato de que há um dizer" (S23, 18). Um dizer que, então, para além do sentido, faz ressoar o gozo. Lacan prossegue:

Esse dizer, para que ressoe, para que consoe, outra palavra do *sinthoma masdaquino*, é preciso que o corpo lhe seja sensível. É um fato que ele o é. Porque o corpo tem alguns orifícios, dos quais o mais importante é o ouvido, porque ele não pode se tapar [...] É por esse viés que, no corpo, responde o que chamei de voz. (S23, 18-19)

Para Lacan, o real consoa, ressoa... o real não é o corpo, assim, diretamente... é um real que produz uma ressonância no corpo, quando se o faz ressoar com *lalíngua* e para além do que se diz, para além do sentido. O corpo ressoa porque é suporte da substância gozante.

Essa ressonância, como é que ela se produz? Como efeito de *lalíngua*, sem dúvida! E na modalidade de interpretação que não só evoca o uso do equívoco, que remete à dubiedade, ao duplo sentido de uma palavra. Trata-se de fazer ressoar o vazio, a metade de contrassenso (*absens, au-sentido*) veiculada por toda palavra. Não é o mesmo que "equivocar" com o duplo sentido. Lacan evoca esse "vazio mediano", presente na poesia chinesa, que ele aprendeu com o sinólogo François Cheng. Em **junho de 1977** há um encontro entre Lacan e Cheng em Guitrancourt, no qual eles passam um dia inteiro refletindo sobre um poema de Ts'ui Hao (Zuī Hào): "Le pavillon da grue jaune", em francês ("O pavilhão da grua amarela")... Lacan se interessa muito particularmente pelo funcionamento, nesse poema, do Vazio mediano, situado no Tao — ao dizer de Cheng — entre o Yin e o Yang.

Lacan esclarece: "[...] temos apenas o equívoco como arma contra o sinthoma [...] é unicamente pelo equívoco que a interpretação opera. É preciso que haja alguma coisa no significante que ressoe" (S23, 18).

Será um ponto que trataremos em nosso *Passo a passo 3*. Com efeito, em *L'Une bévue...* (S24), Lacan vai evocar a maneira como o poeta consegue "fazer com que um sentido se ausente", reduzindo-o a um "sentido branco" (*sens blanc*, que ressoa com *semblant*, semblante).

Com a interpretação se almeja, sem dúvida, colocar em jogo a divisão do sujeito entre seus ditos e seu dizer, evocado em "O aturdito". Esse dizer que permanece esquecido detrás dos ditos. Esquecimento que se produz porque, em primeiro lugar, damos atenção ao sentido, e não ao sonoro, por não discriminar entre *l'entendre* (de ouvir) e *l'entendre* (de compreender, entender).

Trata-se, portanto, de fazer valer a maneira como um dizer enoda... como se constitui o nó do *parlêtre*, nó *"comme il faut"* (como é preciso), o "bom nó", e isso mesmo quando se careça do recurso ao enodamento pela via do pai-sinthoma.

■ ■ ■ ■ ■

Um primeiro exame do percurso dos nós no S23 nos permite, de algum modo, declinar certas características diferenciais que concernem aos nós e que Lacan evoca em diversas ocasiões.

Enunciamos algumas.

I. ABERTOS E FECHADOS

Diferença entre anéis de cordas fechados e sua abertura com o uso da reta infinita — reta cujos extremos só se tocam no infinito. Ver, neste *Passo a passo 2*, Jorge Chapuis, p. 81-ss. Lacan assevera que o homem se fecha num nó: "é corte que dá início a um fechamento, precisamente o da partida; não é privilégio seu, mas ele parte para se fechar".

Quanto à mulher, ele diz: "já lhes disse que a mulher... não existe. Mas uma mulher... isso se pode produzir, quando há nó, ou melhor, trança. Curioso: quanto à trança, ela só se produz por imitar o ser falante macho, porque ela pode imaginá-lo; ela o vê estrangulado por essas três categorias que o asfixiam". "Ela o vê imaginariamente, mas é uma imaginação de sua unidade, ou seja, daquilo com o qual o homem mesmo se identifica" (S21, **15 de janeiro de 1974**). Portanto, disso parece seguir que uma mulher trança o seu nó, fecha-se — por assim dizer — em relação ao homem; ela imita o varão porque o imagina formando uma unidade.

Não quero fazer dessa distinção algo muito rígido, pois correríamos o risco de voltar a "essencializar" uma distinção entre o masculino e o feminino.

II. Equivalências e não equivalências

Esta questão se sustenta na seguinte pergunta: quando é que diversas formas, escritas, de um nó correspondem a um mesmo nó, do ponto de visto topológico?

Mas Lacan utiliza o termo "equivalência" em diversas ocasiões, não apenas em relação a essa pergunta.

Ele fala de equivalência de um anel com outro: equivalência entre as consistências do real, do simbólico e do imaginário.

Veremos que também fala em equivalência quando duas consistências são intercambiáveis entre si. (Ver, neste *Passo a passo 2*, a equivalência entre as duas consistências de um nó de Whitehead, p. 101).

A questão da equivalência é um dos problemas centrais da teoria dos nós.

Na intervenção anterior, do mês de janeiro, vimos em *Les non dupes...* (S21) que Lacan havia explorado três das seis combinações possíveis de RSI em sua elaboração acerca dos "nós do amor".

Ele havia feito corresponder aos três nós com orientação dextrogira — RIS, RSI e SRI — as três formas de amor que examinamos: o cortês, o divino e o masoquismo, respectivamente.

Vemos, portanto, que distintas configurações que remetem a um mesmo nó, topologicamente falando, podem, apesar disso, apontar para coisas distintas.

MB, em *Au risque de...*, menciona que há 16 maneiras de desenhar um nó borromeano orientado aplanado, mas elas correspondem a um mesmo e único objeto. Por isso que a reapresentação "aplanada" é enganosa. São mostradas diversas apresentações do nó que, de fato, correspondem a um mesmo nó.

As mudanças de formas, na escrita, na *"mise à plat"* dos nós, então nos confrontam com a seguinte questão: quando é que estamos diante de nós equivalentes, ou não? Quando é que, com essas escrituras distintas, temos ou não temos um mesmo objeto?

FS nos lembra da definição de equivalência dada por Neuwirth:

> Dois nós são equivalentes quando o modelo correspondente a um deles pode se deformar — estirando-o, contraindo-o ou retorcendo-o — até atingir a forma do outro, sem romper o tubo nem o fazer passar através de si mesmo.

Trata-se, portanto, de passagem de uma forma a outra de um nó, sem cortes nem emendas. Terei oportunidade de voltar a esse tema (Ver a intervenção do mês de maio, p. 132).

Vamos nos deparar com essa questão da equivalência em mais de uma ocasião.

A título de exemplo, apresentamos ao menos um caso simples de equivalência e um de não equivalência entre nós.

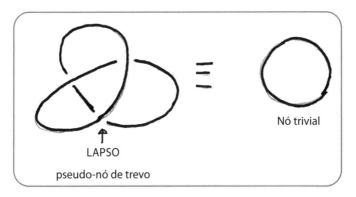

Figura 2.1: Pseudo-nó de trevo equivalente a um nó trivial

Figura 2.2: O nó de trevo não é equivalente ao nó trivial

Essa questão dos fatores que permitem discriminar quando estamos, ou não, diante de um mesmo nó — quando eles são, ou não, equivalentes — foi objeto de muitos avanços na teoria dos nós. Avanços que Lacan não chegou a conhecer e que sucederam depois de 1984, ou seja, depois de seu falecimento. Esses avanços se referem aos "invariantes" que podem ser considerados para provar se dois nós são ou não são equivalentes entre si. Não nos deteremos neste ponto.

No começo do S23, em **18 de novembro de 1975**, Lacan aborda algumas questões de equivalências entre nós. Que utilidade clínica pode ter a abordagem das equivalências/não equivalências? Voltarei a isso mais adiante, no momento em que abordarmos os NBo4 da neurose (ver p. 160).

Por outro lado, já vimos exemplos de equivalências quando apresentamos a equivalência entre certas apresentações dos NBo3. Por exemplo, a equivalência entre a Nr1 e a Ns, por um lado, e a equivalência entre a Nr2 e a Ni (ver *Passo a passo 1*, p. 153-ss). E também nos deparamos com a não equivalência entre Ni e Ns quando a quarta consistência vem corrigir o lapso "a" de um NBo3. Lapso de RSI, como vimos, que Lacan privilegia.

Essas nomeações (Ns e Ni) não são equivalentes quando operamos unicamente com o lapso "a" do NBo3 (ver *Passo a passo 1*, p. 122-ss). O lapso "a" se produz porque I, em seus dois cruzamentos com S, passa por cima de S em vez de passar por baixo.

III. Univocidade de um nó

Mas são várias as ocasiões em que Lacan se preocupa, como dissemos, com essa questão da equivalência entre nós. Ele se pergunta, assim, acerca da "univocidade" de um nó. Questão que vemos aparecer, entre outros lugares, no Capítulo VII, "De uma falácia que testemunha o real", do (S23) — em particular nas p. 109-ss, versão Zahar. Vou retomar mais detidamente o que ele elabora nesse capítulo.

Lacan se interroga: como demostrar que há duas cadeias (nós-cadeias) borromeanas diferentes? — ou seja, não equivalentes entre si. Dois objetos diferentes. Ele apresentará, assim, três formas da cadeia:

1. Dois nós com orientação diferente (um dextrogiro e outro levogiro) e cores invertidas. (S23, 110)
2. Dois nós com a mesma orientação, dextrogira, mas com inversão de cores. (S23, 111 em cima)
3. Dois nós com a mesma orientação, levogira, e com inversão de cores. (S23,111, embaixo)

Lacan apresenta o nó e reflete quanto ao primeiro caso:

> Represento-a [a cadeia borromeana] diferentemente da representação clássica porque faço intervirem duas retas infinitas.

E prossegue:

> O uso dessas duas retas como opostas ao círculo que as une é suficiente para nos permitir demonstrar que há dois objetos diferentes na cadeia, com a condição de que um par [duas consistências, as retas infinitas] seja colorido e o terceiro [o círculo], orientado [...] (S23, 109)

A diferença entre um nó com orientação dextrogira e um com orientação levogira dão o mesmo nó (caso de equivalência entre dextro e levo, pois essa mudança de orientação é perdida quando se mergulha o nó no espaço; não há distinção entre a direita e a esquerda do nó).

Temos então, em primeiro lugar, uma comparação entre um dextro e um levo:

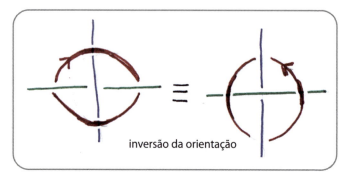

Figura 2.3: Inversão da orientação (nó "virado"). (S23,112)

A relação entre dextro e levo supõe uma "virada" no nó. Esses dois nós são equivalentes entre si, pois a distinção entre direita e esquerda (inversão especular) não existe no espaço, ela é apenas um artifício de escrita.

Na segunda e na terceira figuras, Lacan vai comparar nós de mesma orientação. Então dirá que, para saber se são o mesmo objeto, ou não, é preciso manter a mesma orientação.

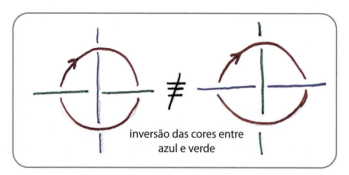

Figura 2.4: Dois Nbo3 dextrogiros com inversão das cores (azul e verde)

Ele continua com a apresentação de dois nós igualmente orientados, dois levogiros, mas com inversão das cores.

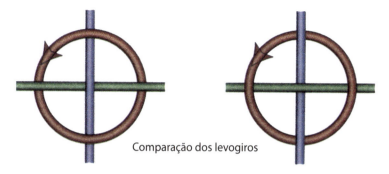

Comparação dos levogiros

Figura 2.5: Dois nós levogiros com inversão de cores, S23, p. 113.

Lacan aclara:

> Quando invertemos as cores, a cor verde e a cor azul, obtemos um objeto incontestavelmente diferente, com a condição de deixarmos a mesma orientação para o elemento orientado [o anel]. Por que [...] vou mudar a orientação do nó? [...] Como eu reconheceria a não-identidade do objeto total se mudasse a orientação? Mesmo se vocês revirarem o segundo objeto, vão perceber que ele é bem muito diferente do segundo mencionado há pouco, pois o que se trata de comparar agora são os levogiros entre eles. Em suma, é a orientação mantida que diferencia as triplas das quais se pode dizer que têm a mesma apresentação.. (S23, 111)

Para dar sequência com o tema da relação entre o verdadeiro e o real:

> A diferença entre o anel orientado e o par colorido permite-nos marcar a diferença entre o que chamei há pouco de o real marcado pela falácia e o que concerne ao verdadeiro. Só é verdadeiro o que tem um sentido.

IV. Rigidez e flexibilidade do nó

Lacan fala de certa "histeria rígida" (S23, 102) e apresenta o que seria uma forma rígida do nó.

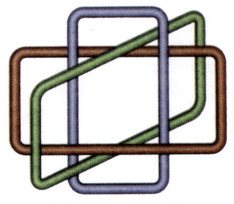

Cadeia borromeana "rígida"

Figura 2.6: Cadeia borromeana rígida (S23, Zahar, p. 103)

Esse tema da rigidez do nó retornará nas expressões "a fortaleza da paranoia" e "armadura histérica do amor ao pai" (no S24), que também evocam, é claro, as fortalezas defensivas da neurose obsessiva.

Apesar disso, não convém muito falar em "rigidez" do nó... A princípio, um nó é sempre *souple*, flexível, suscetível de ser manipulado, estirado, virado etc... Sabemos, por sua vez, que as modificações clínicas não têm a mesma flexibilidade que os nós. Há resistências próprias a cada uma, resistências asseguradas pelas próprias "soluções" sintomáticas (digamos, não analisadas).

Chapuis: A rigidez de uma cadeia poderia ser entendida com a resistência em passar de uma conformação a outra, distinta, da mesma cadeia.

V. Furar e enodar

Esta é também uma oportunidade de nos indagarmos sobre a diferença entre furar e enodar. Não é sempre e não é qualquer furo que gera um nó, ainda que haja uma relação entre ambos.

Furar pode ser enodar, já que, ao furar de um determinado modo um toro, cria-se um nó.

A furação de um toro pode ser produzida pela palavra, ao falar, como faz o analisante.

O enodar, por outro lado, requer um Dizer específico, um dizer-corte, se me permitem a expressão, que é o que se espera de um psicanalista.

O falar é, assim, um revelador, por via do significante da propriedade borromeana, como se expressa MB: "[um] furo é gerador da borromeização. O nó borromeano é a escrita de esse furo". E ele apresenta a seguinte ilustração.

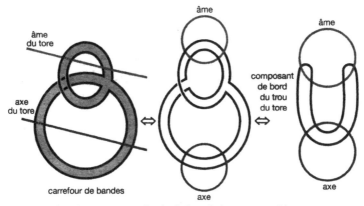

O toro furado (= a encruzilhada de bandas) gera um nó borromeano

Figura 2.7: *Au risque...* de MB, p. 336: O toro furado gera um nó borromeano. (MB-*AuR*, 336)

É um tema ao qual seguramente teremos oportunidade de retornar.

VI. Furos falsos e furo verdadeiro

Para Lacan, a topologia serve muito especificamente para explorar as organizações dos furos, sejam eles falsos ou verdadeiros.

Já situamos (ver *Passo a passo 1*, p. 95) que cada consistência R, S ou I se traça ao redor de um furo, é a borda de um furo. Logo, há furos do real, do simbólico e do imaginário que, sem dúvida, me parece que podem ser considerados furos verdadeiros.

Mas há também o que Lacan chamou de "verdadeiro furo" da estrutura, do nó enquanto real, no enodamento R, S e I. Furo verdadeiro que escreve "que não há metalinguagem" nem "Outro do Outro"... correlativo à impossibilidade de poder escrever a proporção sexual.

O "verdadeiro" furo da estrutura pode ser lido num NBo3. A sua localização se encontra no lugar de "interseção" entre o Real e o Imaginário, ali onde Lacan situa o lugar do gozo do Outro barrado (JA̶).

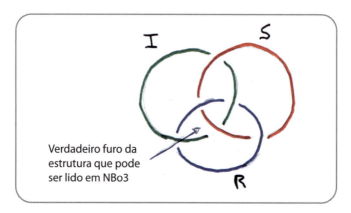

Figura 2.8: Furo verdadeiro no NBo3

Mas nos NBo4, os nós que contam com uma quarta consistência que repara o lapso de um NBo3, onde e como situar o verdadeiro furo da estrutura? Deixo a pergunta em aberto. E, em termos mais gerais, como localizar no NBo4 a pluralização dos gozos?

Os furos falsos podem ser "lidos" nas lacunas que se formam quando duas consistências se "acoplam" (apresentação em forma de "orelha", como J. Chapuis escolhe chamar), se emparelham. Emparelhamento que não deve ser confundido com um enlace: não acontece — como no enlace — de uma consistência passar pelo furo da outra.

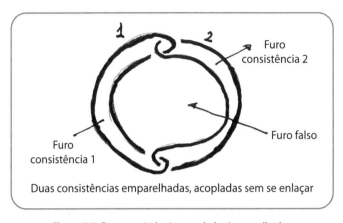

Figura 2.9: Duas consistências acopladas (emparelhadas, não enlaçadas) formam um furo falso.

Lacan ilustra a maneira como se pode passar de um furo falso a um furo verdadeiro recorrendo a pelo menos uma terceira consistência (na formação de um NBo3) — seja com uma consistência em forma de círculo (anel de corda), seja com uma consistência de Reta Infinita. Lacan o ilustra no S23, p. 25.

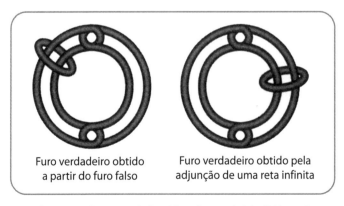

Figura 2.10: Passagem de furo falso a furo verdadeiro (S23, p. 25) utilizando uma consistência a mais e com uma reta infinita.

Lembremos do furo falso que se forma com o acoplamento entre sinthoma e símbolo, que Lacan apresenta em sua primeira aula do S23: "[...] na articulação do sintoma com o símbolo, direi que há apenas um furo falso". Supor a consistência "[...] supõe um furo. Mas, no caso do símbolo e do sintoma, é de outra coisa que se trata" (S23,24). Aludimos a ele amplamente em nosso *Passo a passo 1*.

O furo falso do símbolo e do sintoma

Figura 2.11: Furo falso entre símbolo e Sintoma, colorido (J. Chapuis)

Sem dúvida podemos assinalar claramente o interesse clínico que essa distinção entre furos falsos e furo verdadeiro poderia representar.

O que, sem dúvida, nos interroga é o seguinte: como passamos, na prática, de um furo falso a um furo verdadeiro? Há passagens e passagens! Passagem de um nó equivalente a outro por simples "manipulação"; e, por outro lado, passagem de um nó a outro, não equivalentes entre si, o que só se consegue através de cortes e emendas.

Passagens por equivalência certamente podem ser detectadas ao longo de um tratamento. Mas *quid* da passagem/passe de analisante a analista, por exemplo? E também *quid* da passagem que possa ser sancionada como ponto final de um tratamento? Toda uma clínica nodal por implantar...

Em todo caso, é preciso passar pelo "furo falso" do Inconsciente — furo situado entre o Simbólico e o SintHoma em um NBo4 — para alcançar o "furo verdadeiro" do nó enquanto real, esse furo cujo nome freudiano é *Urverdrängung*, recalque originário.

Por outro lado, quando a partir de *L'insu*... (S24) se considera operativamente que os anéis de corda são toros, então haverá, por assim dizer, um desdobramento de "furos" para cada consistência R, S e I. Sendo cada consistência um toro, será preciso levar em conta os seus furos: sua "alma" e seu "eixo".

E isso, como veremos, vai requerer um novo enfoque sobre os efeitos de "corte".

VII. TRANÇAS E NÓS

Já abordamos um pouco esta questão (ver p. 32-ss) quando examinamos os "nós do amor".

Para tanto, resulta útil remeter-se ao mencionado anexo do livro *Sinthome*, de FS, que concerne aos nós e às tranças.

Fechar uma trança consiste em unir os extremos de sua "base" com os do seu "topo", respeitando, não modificando a posição das cordas em tais extremos. A toda trança, quando "fechada", corresponde um nó; porém, é possível obter nós (ou cadeias-nós) equivalentes a partir de tranças que não são equivalentes (teorema de J. W. H. Alexander, 1923).

Além do exemplo, que vimos na primeira intervenção, da relação entre trança e nó relativamente aos "nós do amor", apresento aqui outros exemplos de relações entre trança e nó.

Figura 2.12: Exemplos de trança e nós triviais

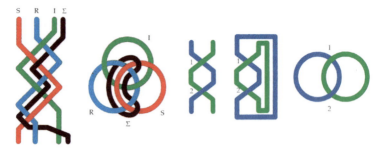

Figura 2.13: Exemplos de trança e nós (FS-*Sth*, 253)

VIII. Uso Da Reta Infinita

Esse é um tema que J. Chapuis tratará especificamente (ver p. 81-ss). Lacan trata a reta infinita em termos do que "é uma reta, na medida em que ela subsiste, em que ela é, se é possível dizer assim, parente de um círculo" (S23, 25). Fala inclusive de que há equivalência entre a reta infinita e o círculo (S23, 32). Ele a utiliza em várias ocasiões e parece conceder a ela um interesse muito particular. Na teoria dos nós não parece que ela seja empregada; e o próprio Lacan aclara que, "prudentemente", R. Thomé e P. Soury não recorrem a ela.

Apesar disso, Lacan (imprudente?) privilegia o seu uso em várias ocasiões, como ilustrará J. Chapuis.

IX. Cortes em um nó

A operação de "corte" — assim como a de emenda — é fundamental em termos da transformação topológica "real" de um nó em outro, ou seja, para a passagem de um nó a outro não equivalente.

A noção de "corte", como já disse, é solidária ao ato de dizer, tanto como a de furar é solidária ao falar. Dizer é cortar!

Espera-se do Dizer que ele opere um "corte" e, portanto, que modifique a estrutura desse ou daquele nó, transformando-o em outro.

Em **20 de dezembro de 1977**, Lacan esclarece: "Dizer é algo diferente de falar, o analisante fala [...] o analista *tranche* [traduzamos por: decide algo cortando]". O dizer que corta "participa da escrita". Cabe ao analista produzir cortes com o seu dizer...

Esse é um tema ao qual teremos de voltar, no nosso *Passo a passo 3*, a partir do *L'Insu...* (S24). Lacan recorre a operações de corte nos anéis de corda, que constituirá equivalentes a essa figura mínima da topologia de superfícies que é o toro. Poderão efetuar-se diversos tipos de corte em cada uma das consistências que formam um nó.

Nossas consistências R, S e I serão tratadas então como toros, não mais como simples consistências que bordejam um furo, visto que o toro, como já disse, conta com dois furos.

Será preciso, então, examinar o que se obtém a partir de diversos cortes realizados numa cadeia-nó constituída por toros. Cortes em um ou mais de um toro. Por exemplo, esses cortes em um toro poderão ser transversais ou longitudinais.

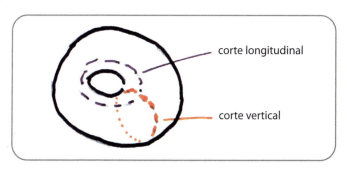

Figura 2.14: Cortes longitudinais e transversais em um toro.

Será preciso distinguir o corte do furo deixado por um corte no toro. O furo num toro separa uma parte da superfície do toro, diferentemente dos cortes (longitudinal e transversal) e do talho.

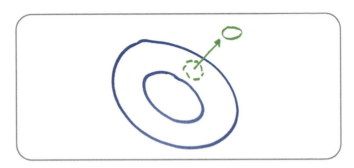

Figura 2.15: Furo em um toro.

MB lê nesta distinção entre furo e corte uma maneira de diferenciar a eficácia da palavra da eficácia do dizer. Porque o dizer é algo mais que falar.

Se a fala dá lugar ao equívoco pelo potencial duplo sentido de toda palavra — e, nesse sentido, a palavra fura —, o dizer que corta pode, no entanto, produzir um nó. Fala-se, então, seguindo uma sugestão de Jean-Michel Vappereau, em "nós-cortes".

Apresento abaixo o exemplo de um corte fechado num toro que produz um nó, um nó de trevo. O nó de trevo, que Lacan examina minuciosamente, é o mais simples dos "nós tóricos".

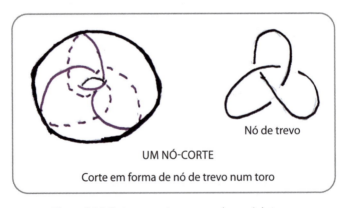

Figura 2.16: Corte em um toro que produz o nó de trevo.

Lacan não deixará de procurar uma regra de escrita que possa dar conta do corte.

A solução será trazida por J.-M. Vappereau, em **13 de março 1979**, com o nó borromeano generalizado (ver p. 131).

X. Envolvente, envolto

Essa característica é enunciada por Lacan como uma propriedade do nó borromeano:

> Quanto a esses círculos [círculo = anel de corda], não há um que, ao ser envolvido por um outro, não acabe envolvendo o outro. [...] Na terceira dimensão [...], o nó borromeano consiste nessa relação que faz com que o que é envolvido com relação a um desses círculos acabe envolvendo o outro. (S23, 34).

Isso se exemplifica especialmente na forma de esfera "armilar", sempre que se faça o nó borromeano da maneira correta.

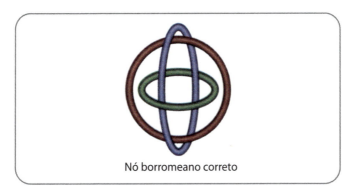

Nó borromeano correto

Figura 2.17: Forma armilar do NBo3: transversal, sagital e horizontal.

■ ■ ■ ■ ■

Concluímos, assim, a apresentação de algumas características gerais que pudemos isolar relativamente aos nós.

Essas diversas "características", ou propriedades, que acabo de apresentar de modo suscinto (não exaustivo) se fazem presentes nas diversas abordagens dos nós realizadas por Lacan no S23.

■ ■ ■ ■ ■

Como toque final, acrescentamos estas palavras de Lacan com relação aos nós e ao método nodal:

> O caráter fundamental dessa utilização do nó é ilustrar a triplicidade que resulta de uma consistência que só é afetada pelo imaginário, de um furo como fundamental proveniente do simbólico, e de uma ex-sistência que, por sua vez, pertence ao real e é inclusive sua característica fundamental. Esse método [dos nós], posto que se trata de método, apresenta-se como sem esperança [...] de romper de maneira nenhuma o nó constituinte do simbólico, do imaginário e do real [...] recusa o que constitui uma virtude, e mesmo uma virtude dita teologal. É nesse aspecto que nossa apreensão analítica do que diz respeito ao nó é o negativo da religião. (S23, 36).

Podemos apreciar um uso desse método em vários trabalhos de F. Schejtman. Recentemente ele publicou o que se pode chamar de exercício de clínica borromeana "aplicada" a um escritor de ficção científica: Philip K. Dick. Ali será possível ver como ele elabora o "caso" a partir de um estado de nó sincrônico de base — de tipo parafrênico, "enfermidade da mentalidade" —, em que o Real fica solto; a sua evolução diacrônica na vida de P. K. Dick, com passagens por estados esquizofrênicos (o imaginário solto) e paranoicos (nó de trevo). FS utiliza a trança para a escrita dessas modificações. É um livro excelente, parcialmente ficcionado com encontros entre P. Dick e Lacan. Ver, de Fabián Schejtman, *Philip Dick con Jacques Lacan: clínica psicoanalítica como ciencia-ficción* [Philip Dick com Jacques Lacan: clínica psicanalítica como ficção científica] (Grama: Buenos Aires, 2018).

■ ■ ■ ■ ■

No final do seminário *RSI* (S22), deixamos Lacan no momento em que ele propõe a distinção entre três nomeações correlativas à tríade freudiana: sintoma, inibição e angústia.

O acoplamento entre sinthoma e simbólico, tantas vezes mencionado, provém precisamente do reparo SintHomático, com nomeação simbólica, desse tipo de lapso "a" de um NBo3. Na medida em que se aborde apenas o lapso "a" do NBo3, teremos somente dois NBo4: um NBo4 com Ns e um NBo4 com Ni. Esses dois NBo4 não são equivalentes entre si: não se pode passar, por simples manipulação, de um ao outro; é preciso fazer cortes e emendas para passar de um ao outro.

Nessa primeira aula do S23, de **18 de novembro de 1975,** Lacan volta a recorrer ao esquema da tétrade, apresentado anteriormente em *RSI* (S22), com o seguinte diagrama:

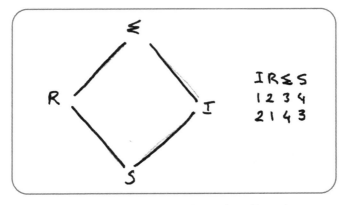

Figura 2.18: Tétrade no início de *O sinthoma* (S23, 22) numerando 1234, escrevendo as 2 combinações.

Lacan aclara:

> Encontramo-nos na situação em que o laço de 1 com 2, e mesmo de 2 com 1, tem no seu meio, se assim posso dizê-lo, o 3 e o 4, isto é o Σ e o S. (S23, 22)

E, em seguida, pergunta:

> Como o sintoma e o símbolo acabam presos entre o real e o imaginário? Eu o mostro para vocês com esta simples configuração:

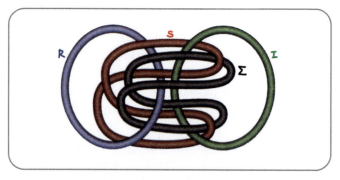

Figura 2.19: Nó borromeano com quatro que mostra o sintoma e o símbolo entre real e imaginário (S23, 22).

Aclaro que, de acordo com a nossa tomada de posição, temos de ler SintHoma. Quanto ao símbolo, ele remite ao simbólico. Recordo o que já foi dito: o emparelhamento (que se distingue de um enlace) entre o SintHoma (Σ) e o Simbólico delimita o furo falso do inconsciente.

Em seguida, Lacan apresenta uma figura diferente, porém simétrica: a "que vocês obtêm regularmente tentando fazer o nó borromeano com quatro".

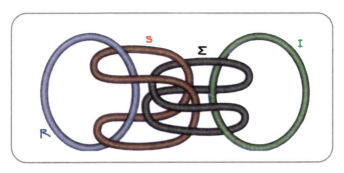

Figura 2.20: Figuração simétrica do NBo4 (S23, 23). Nó estirado.

É a que conhecemos como a "forma estirada" do NBo4, que se obtém facilmente, em um NBo4, puxando R para um lado e I para o outro, como J. Chapuis nos mostra agora.

Em **9 de dezembro de 1975**, Lacan apresenta outra figura do NBo4. Se nos atemos ao código de cores utilizado — que, a princípio, é o mesmo que o do (S23) —, lemos no "meio" um acoplamento entre o imaginário (verde) e o real (azul). Apesar disso, chama a atenção que os anéis da borda estejam com a mesmo cor. Lacan a apresenta como segunda figura do NBo4.

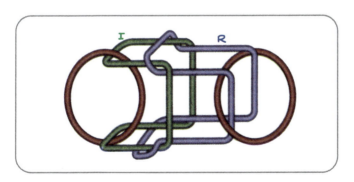

Figura 2.21: Segunda figuração do NBo4, Seuil e Zahar, p. 29.

Pergunta: O NBo4 da *Figura 2.19* e o da figura "estirada", *Figura 2.20*, são equivalentes? É possível passar da *Fig. 2.19* à *Fig. 2.20* sem cortes nem emendas?

Chapuis: Sem dúvida são equivalentes; trata-se do mesmo NBo4. Outra coisa é se perguntar acerca da equivalência entre o nó da *Fig. 2.21* e os dois anteriores (*Fig. 2.19* e *Fig. 2.20*). Essa pergunta me parece indecidível... vejam como, na *Fig. 2.21*, as duas cordas dos extremos são da mesma cor. Isso faz com que não possamos compará-lo com os NBo4 das *Fig. 2.19* e *Fig. 2.20*. Qual das duas cordas vermelhas é o Simbólico e qual é o SintHoma?

▪ ▪ ▪ ▪ ▪

MB apresenta (MB-*AuR*,240, Fig. 64) uma relação entre o nó da *Fig. 2.19* com o da *Fig. 2.20* que faria pensar que não são, portanto, equivalentes. Porque, se são equivalentes, por que falar em "corte"? — eu me pergunto. Ele o apresenta do seguinte modo:

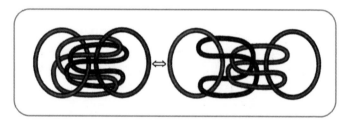

Figura 2.22: Corte que separa o ser-de-verdade do ser-de-saber. (MB-*AuR*,240)

Não obstante, o signo que ele coloca entre as duas faria pensar numa equivalência.

Chapuis: Não compreendo a utilização do termo *coupure* [corte] nesse contexto. Para mim está claro que se pode passar de um ao outro sem a operação de corte/emenda, basta uma "puxada" e a acomodação noutra forma. São o mesmo nó, de fato, os dois que Lacan apresenta em S23 p. 22-23.

Em contrapartida, como já assinalamos, o NBo4 com nomeação simbólica (Ns) e com nomeação imaginária (Ni) (ambos resultantes de um lapso de NBo3 de tipo "a") não são equivalentes, e então só se pode passar de um ao outro pela via de cortes e emendas.

Recorremos à apresentação de MB:

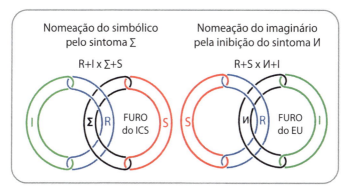

Figura 2.23: NBo4 por Ns e NBo4 por Ni. Os dois enodamentos borromeanos com quatro cordas em rodas (MB*AuR*, 200 coloridos).

Chapuis: Trata-se do nó com 4 cordas (Nbo4) que é sempre o mesmo. Do ponto de vista da teoria de nós, não há mais de um nó borromeano de 4 cordas, como também não há mais de um nó borromeano de 25 cordas. Porém... se se distingue (nomeia, denomina...) cada corda (ou se as colore) como RSI mais uma quarta enodadora (nomeadora, nominante), aparecem 2 nós NBo4 *não equivalentes*. É o que diz Lacan por toda parte, me parece... A 4ª corda — dependendo de como ela se trança com as outras 3 — de algum modo denomina, discrimina, os 3 registros RSI. Se a operação é *sintHomática*, ela coloca os registros RSI de um modo; porém, se a operação é *inibitória*, ela os coloca relacionados de outro modo.

■ ■ ■ ■ ■

E, de passagem, MB assinala que Lacan situa o inconsciente desdobrando-o entre Símbolo e SintHoma.

Desdobramento que retoma, de algum modo, o que está presente em "Uma questão preliminar..." entre o Outro e o Nome do Pai.

Não nos esqueçamos que, na época de "De uma questão preliminar...", a psicose era considerada a partir da tese da forclusão do Nome-do-Pai — que, em 1958, é uma operação que afeta o registro do simbólico... falha da metáfora paterna, como se sabe.

Agora a forclusão vem do real, como já dissemos (ver *Passo a passo 1*, p. 53-ss). Em **16 de março de 1976**, Lacan diz isso explicitamente: "O Nome-do-Pai é, no final das contas, algo leve" (S23, 117). E, com efeito, há uma forclusão mais radical: a forclusão do sentido pelo real.

Já comentei, em mais de uma ocasião, o que ilustra esse acoplamento entre o SintHoma e o Simbólico, lugar da interpretação, que forma o furo falso do inconsciente, girando entre eles numa "roda" que a própria interpretação pode alimentar, ao passo que aquilo de que se trata ao corda de um tratamento é deter essa roda.

Esse acoplamento ilustra, por sua vez, a divisão do sujeito (do inconsciente) entre S_1 (o sinthoma) e S_2 (saber do inconsciente, sem sujeito), par ordenado S_1/S_2 apresentado por Lacan em *De um Outro ao outro* (S16) com a formula: $S_1(S_1 (S_1...(S_1 - S_2)))$. Fórmula na qual se lê claramente que o saber S_2 nunca exaure a recorrência de S_1. Que S_1 nunca é reabsorvido em S_2. A escrita do discurso do analista também ilustra isso em sua parte inferior, em que o lugar da produção (S_1) nunca alcança um saber que está no lugar da verdade (S_2).

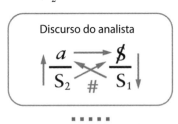

A escrita nodal nos permite, então, dar um passo a mais no que concerne à concepção do sujeito como suporte de um real.

Se Lacan define o sujeito do inconsciente — bem sabemos — como representação de um significante para outro, com o esquematismo dos nós Lacan extrai o sujeito do campo da representação.

Ele fala então em *parlêtre* enquanto constituído pelas três di(z)menções R, S, e I *soltas*, que não se enodam sem o recurso mínimo da quarta consistência do SintHoma.

O estatuto do sujeito do inconsciente não passa de uma "suposição", estando elidido por debaixo da articulação significante.

Sabemos que, "como tal, o sujeito sempre é não somente duplo, mas dividido. Trata-se de dar conta [agora, com a escrita nodal] do que, dessa divisão, instaura o real" (S23, 30).

A escrita nodal do *parlêtre* permite uma nova abordagem da "subjetividade"... vamos chamá-la de "subjetividade borromeana", que leva em conta a dimensão real do inconsciente.

As quatro consistências enodadas de maneira borromeana (NBo4) podem ser consideradas como aquilo que Lacan qualifica como "bom nó", o nó da "subjetivização borromeana".

Assim, com a psicanálise, da perspectiva do esquematismo borromeano, emerge na história uma nova figura da subjetividade...

■ ■ ■ ■ ■

"É preciso que haja alguma coisa no significante que ressoe" (S23, 18), insiste Lacan. Algo no significante que possa fazer ressoar... o quê? Algo do gozo que não é da ordem do "sentido". Algo que está além da articulação significante que produz as significações, que alimentam o gozo do sentido (*jouissens*) — gozo que, no NBo3, se situa na junção entre S e I.

No caso (S23,17), Lacan brinca evocando o sabor de *lalíngua* francesa, com o equívoco de "*condiment*" (condimento), que é também *"qu'on dit ment"* (quando se diz, se mente). A "ressonância" evoca — como já disse — o sintoma como "acontecimento do corpo": o corpo é "sensível", por isso algo nele pode ressoar. Não é surpreendente que o objeto voz adquira então um lugar privilegiado, por sua relação com as cordas vocais. "É por esse viés que, no corpo, responde o que chamei de voz" (S23, 19).

Lacan quer situar a ressonância em algo que vai além da evocação de uma metáfora musical. Ainda não li o quarto livro de MB, cujo título (*La réson depuis Lacan.* Stilus, 2018) nos anuncia novos sabores no que diz respeito à ressonância.

A *Figura 2.23* permite a leitura de dois "furos falsos", o que forma o acoplamento entre o SintHoma e o Simbólico: o furo falso do inconsciente; e aquele que o Real forma com o Imaginário: o furo falso do eu.

Para alcançar o verdadeiro furo, é preciso — como disse — passar pelos furos falsos, para assim conseguir "tocar" algo do real do nó... O caminho pela "verdade mentirosa" — mentirosa sempre com relação ao real — não é uma falsa via, é a via necessária pela qual é preciso transitar numa análise para cingir, precisamente em seu limite, o que essa verdade não pode alcançar.

Um real, pois, que somente se alcança quando se cingem os limites do sentido e da palavra na experiência analítica. Trata-se do "real" próprio à prática analítica, que, no meu entender, não se confunde com o real de outras práticas ou discursos: o real da ciência, da arte, da política. Tema de debate em nossa comunidade, sem dúvida!

■ ■ ■ ■ ■

Numa de suas conferências nos EUA, Lacan critica Chomsky por acreditar que a linguagem é um órgão — determinado geneticamente —, um órgão que emite signos. Essas supostas mensagens ocupam para Chomsky, por assim dizer, o lugar de um real.

Para Lacan, por sua vez, a linguagem é abordada por sua função de fazer furos:

> O método de observação não poderia partir da linguagem sem que ela aparecesse como fazendo furo no que pode ser situado como real. É por essa função de furo que a linguagem opera seu domínio sobre o real. [...] não há verdade possível como tal, exceto ao se esvaziar [*évider*] esse real. [...] a linguagem come o real (S23, 31).

e

> [...] a eficácia da linguagem [...] se sustenta apenas pela função [...] do furo no real [...] a eficácia própria da linguagem, e que é suportada pela função do furo (S23, 32).

A linguagem fura o real, assim como fura a "boa forma" do imaginário.

Nesse furo do real desliza o fracasso estrutural do "ser falante", fracasso da possibilidade de inscrever a proporção/relação sexual. Falha para o humano a "lei" que lhe pode assegurar a sua reprodução. Falha a "lei da gravidade do sexual".

É esse o furo que introduz a linguagem no real do *parlêtre*. Não é um furo "indefinido", por assim dizer. Ele é localizado por uma prática que é a da psicanálise.

Lacan enfatiza esta propriedade topológica da linguagem: fazer furo no real, perfurar o real. A função do simbólico é evidentemente "évider" — Lacan brinca com a homofonia, em francês, de "évidemment" (evidentemente) e "évider" (esvaziar) —, esvaziamento do real. O simbólico, por assim dizer, "come" algo do real — o que nos habituamos a situar como "assassinato da coisa".

A função da linguagem introduz furos no real, e um "furo" fundamental, irredutível, cujo nome freudiano, como dissemos, é a *Urverdrängung*.

Entendo isso da seguinte forma: a linguagem introduz descontinuidades ali onde podemos postular o Real "em si" como algo contínuo; mas desse real, digamos, "em si", nada poderíamos dizer sem estar articulado ao Simbólico e ao Imaginário.

■ ■ ■ ■ ■

Vou retomar agora a relação entre trança e nó, pois Lacan faz uso dela nesse (S23) em um caso muito preciso: ao tratar do "nó social" da paranoia. Para isso, temos de abordar primeiro o que acontece com o nó de trevo (nó da paranoia).

Isso suporá um percurso principalmente pelos Capítulos III ("Do nó como suporte do sujeito"), V ("Joyce era louco?") e VI ("Joyce e as falas impostas").

Em **16 de dezembro de 1975**, Lacan inicia seu seminário com estas palavras, que nos interpelam:

> Se as análises fossem levadas tão a sério quanto me dedico a preparar meu Seminário, isso, sim, seria muito melhor, e certamente elas dariam melhores resultados. Para tanto, seria necessário que tivéssemos na análise — como eu, mas é da ordem do sentimental de que falava outro dia — o sentimento de um risco absoluto. (S23, 44)

Lacan brinca com *lalíngua*, em que o "sentimental" evoca que o sentimento mente (*le senti-ment*).

E depois, em seguida, apresenta o nó de trevo com o nome de "nó de três (forma circular)". O nó de trevo, dito "nó de três", não é um NBo3. É um nó de uma única consistência que se autoatravessa e que possui três cruzamentos, tal como apresentamos anteriormente na *Figura 2.2*.

Lacan fala do nó de trevo como uma "degradação" do NBo3 — seu ponto de partida. Degradação porque no de trevo já não se distinguem as consistências entre si: R, S e I se "indistinguem"...

72 | Passo a passo... *rumo a uma clínica borromeana*

O valor clínico que ele lhe atribui é central: é o nó da paranoia. Nó no qual o imaginário, o simbólico e o real só estão suportados em sua continuidade. Passamos, pois, de um NBo3 "clássico" para um nó de trevo, realizando cortes e emendas que produzem a colocação em continuidade das três consistências RSI.

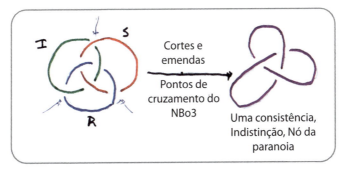

Figura 2.24: Passagem do NBo3 ao nó de trevo colocando em continuidade as consistências mediante cortes e emendas.

Aproveito para esclarecer a diferença entre o "triskel" e o nó de trevo porque às vezes eles são confundidos um com o outro. O "triskel" é o que encontramos no coração, no centro do NBo3, e ele nos permite diferenciar entre a orientação do NBo3 levo ou dextro.

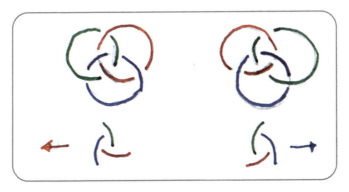

Figura 2.25: O triskel do NBo3 levogiro e dextogiro.

O "nó de trevo" tem uma única consistência, ao passo que o "triskel" possui três consistências e está orientado quer para a esquerda, quer para a direita:

Figura 2.26: O triskel não é o nó de trevo

・・・・・

Sigo os passos de Lacan e examino: o que acontece quando se produz um lapso no nó de trevo?

Lapso que se pode produzir num de seus três pontos de cruzamento. Lapso —erro de escrita, de ortografia — que transforma o nó de trevo em um nó trivial.

A *Fig. 2.1* (p. 47), no início deste capítulo, ilustra o lapso no ponto de cruzamento de baixo que converte o nó de trevo em um pseudo-nó de trevo, equivalente a um nó trivial.

Mais adiante (p. 98-99), veremos o quanto de proveito Lacan extrai do exame dos lapsos do nó de trevo.

・・・・・

Antes, porém, seguiremos Lacan em sua elucubração em torno do "nó social" da paranoia, para a qual recorre a uma trança de oito fios.

Ele vai recorrer novamente à relação trança/nó para abordar algo deste campo específico da psicose que é a paranoia.

Voltamos a projetar, contando sempre com a preciosa ajuda de Jorge Chapuis, diversas relações entre trança e nó (ver *Figura 2.13*, p. 58).

Os fios da trança não são nada além de retas infinitas. Diremos, seguindo FS, que elas possuem uma utilidade clínica, na medida que permitem "ilustrar" o movimento das modificações no curso de um tratamento. Ou na evolução na vida dos nós dessa ou daquela pessoa.

É o que veremos em Joyce, a partir do que isolei como os "três estados do nó joyciano". É o que veremos também na evolução dos nós do Pequeno Hans, tal como F. Schejtman nos induz a ler.

Eles abrem, então, a possibilidade de uma leitura diacrônica, ali onde o nó tão somente nos apresenta uma versão sincrônica dessa ou daquela forma de enodamento. Postulo, então, que a vantagem no uso da trança reside nesta introdução da variável "temporal" no método dos nós, cuja apresentação, por sua vez, é estática, sincrônica.

■ ■ ■ ■ ■

Lacan examina como reparar isso que ele chama de "fortaleza da paranoia" (o nó de trevo). Como voltar a um Nó borromeano?

Tal "fortaleza" faz parecer praticamente impossível apostar na clínica por uma solução que suporia, por meio de cortes e emendas, retornar a um NBo3: fazer, pois, o inverso do que apresentamos na *Fig. 2.24*, p. 73, e a partir do nó de trevo alcançar a reconstituição de um NBo3.

Amparando-se na análise de certos casos de desencadeamento de uma paranoia (o caso das irmãs Papin e o caso de Schreber, dentre outros), Lacan parece se apoiar em uma observação clínica: três paranoicos podem enodar-se entre si com o recurso de um quarto elemento, não necessariamente paranoico. Aparentemente, Lacan adjudica a esse quarto elemento (quarto "anel" que enoda) o epíteto de "personalidade".

Não vou me deter nesse tema, que sem dúvida requer uma elaboração mais fina e cuidada em torno da clínica da paranoia.

Limito-me, pois, ao que Lacan apresenta em seu S23. M. Bousseyroux menciona como exemplos de nós paranoicos aqueles formados pelo trio Schreber, seu pai e seu irmão; as irmãs Papin e sua mãe; ou também o Homem dos Lobos, sua irmã e seu pai.

Essas três "pessoas" podem estar enodadas de maneira borromeana por uma quarta personalidade, que, na qualidade de neurótica (o não?), seria o seu SintHoma.

Lacan busca — sobre o pano de fundo dessa hipótese clínica — qual seria, que forma teria, esse enodamento paranoico de quatro consistências. Ele procura e se desespera um pouco, pois custa encontrar uma solução.

Como enodar três nós de trevos entre si recorrendo a uma quarta consistência?

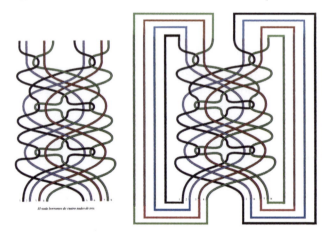

Figura 2.27: Trança apresentada no S23 e seu fechamento (J. Chapuis).

Os dois matemáticos que colaboram com ele nessa época, R. Thomé e P. Soury, depois de um trabalho conjunto, apresentam a Lacan uma solução possível, sem, contudo, conseguirem — como Lacan destaca — explicar como, por que via, encontraram tal solução.

Essa solução se encontra apresentada na página 46 do S23 (edição Zahar), onde encontramos essa complicada figura de uma trança de oito fios... Assim, à primeira vista, não é evidente "ler" que se trata de três nós de trevos enodados entre si por uma quarta consistência: o fio de cor preta funciona como o SintHoma que enoda as outras três.

Como já sabemos, ao emendar as pontas, as extremidades, de uma trança, obtém-se um nó. Ao fechar a trança de 8 fios, conseguem-se 4 consistências obtendo uma possível solução para a questão de J. Lacan. Jorge Chapuis construiu esse "fechamento".

F. Schejtman, em nosso livro de referência (FS-*Sth*, 241), propõe a seguinte forma:

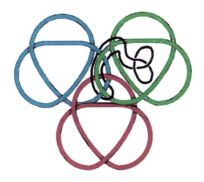

Figura 2.28: Solução "nodal" de FS para a trança de oito fios. (FS-Sth,241 colorida).

FS oferece essa representação do nó que se obteria a partir da trança de oito fios acompanhada do seguinte comentário: "[...] cujo fechamento constitui aquela cadeia borromeana de quatro de trevos que poderia ser apresentada desta forma [...] e aplicada, assim, à abordagem proposta por Lacan para o enodamento de três paranoicos... mais um".

FS precisa bem que estamos diante de uma "condicional": poderia ser apresentada desta forma.

J. Chapuis testou outras formas. Recordamos que, se a cada nó corresponde uma trança, o inverso não é verdadeiro: uma mesma trança pode dar lugar a diversos nós.

Daí o interesse em apresentar alternativas para a solução de FS.

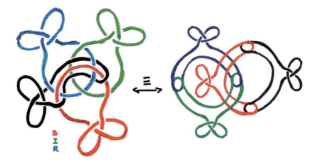

Figura 2.29: Propostas de diagramas de J. Chapuis para o nó obtido a partir da trança de oito fios. Forma borromeana clássica, forma em rodas.

J. Chapuis apresenta também outra possibilidade de enodar três de trevos paranoicos: *sujeitá-los* com uma consistência não paranoica não seria com um de trevo como na trança de oito fios do S23, mas sim com uma simples corda trivial.

Figura 2.30: Duas propostas de J. Chapuis para 3 de trevos enlaçados mediante uma consistência simples.

Chapuis: Inclusive se poderia pensar — e submeter à verificação — que a quarta corda que enodou os três de trevos paranoicos foi o sintHoma de um neurótico, isto é, a Σ de seu NBo4.

Podemos falar assim de uma certa "cifração da paranoia": "ao menos três mais um"... três paranoicos mais uma "personalidade", mas ela não seria necessariamente paranoica. De todo modo, é essa a cifração proposta por Lacan em **16 de dezembro de 1975**.

O nó de trevo, da Trindade, caracteriza-se por sua vez como "um três, com um a menos", sendo o "a menos" o quarto que permitiria a distinção de R, S e I. A trindade lacaniana seria, portanto, ao contrário, uma trindade de "três mais um", como expressa MB.

Seguindo os comentários de MB, podemos examinar que forma o nó da paranoia assume nas heresias relacionadas ao dogma da Trindade. Já mencionamos essas heresias (p. 23). A heresia do arrianismo sustenta que existe um só deus, um único que se autoengendrou. Deus é assim situado do lado de uma exceção, o único que pode se autonomear.

É uma exceção bem diferente do "ao menos um que...", porque a exceção do arrianismo supõe que seria o "único que..."

Já a heresia de Sabélio resolve o paradoxo da Trindade negando que possa haver uma única substância indiscriminada entre pai, filho e Espírito Santo.

Em sua conferência nos EUA, em 1975, Lacan afirma que "o pretenso mistério da trindade divina reflete o que está em cada um de nós": as três dimensões que nos concernem, R, S e I. Por isso, Lacan vê no cristianismo uma religião portadora de uma verdade — a "verdadeira" religião, ele diz. E o que ilustra melhor esse mistério "é o conhecimento paranoico".

Confrontado com a "Trindade", Lacan dirá que o método dos nós é um método sem esperança, pois carece de toda e qualquer virtude teogonal (diferentemente do método oferecido pela religião).

Com a psicanálise não estamos no campo da religião! Não podemos ter esperança alguma. Esperança de quê? De chegar, pela via do conhecimento paranoico, a um NBo3 que poderia prescindir de — poderia fazer sem — o recurso de uma quarta consistência; sem o recurso, portanto, ao SintHoma...

Mais adiante veremos que, apesar disso, Lacan tem alguma esperança de poder fazer sem o recurso de uma quarta consistência. Com efeito, com o nó borromeano chamado de "generalizado" — que o matemático J.-M. Vappereau lhe apresenta —, Lacan sugere uma possível passagem do NBo4 a um NBo3 (mas que não é o retorno ao NBo3 do ponto de partida). Já chegaremos a esse passo, que, por fim, seria como que o "último" passo importante, me parece, da aventura nodal. (Neste *Passo a passo 2*, faço uma breve apresentação do nó borromeano generalizado, p. 131).

■ ■ ■ ■ ■

Em nossa próxima intervenção, voltaremos por onde viemos para encontrar de novo com o nó de trevo. Lacan examina os lapsos possíveis desse nó e os seus reparos "não sintHomáticos" e "sintHomáticos", apresentações das quais tirará um proveito com claras incidências clínicas.

Para Lacan, será uma oportunidade de elaboração em torno de uma tentativa de escrita da "não relação sexual"; tentativa, portanto, de passar de uma impossibilidade da escrita da relação sexual para a possibilidade de uma escrita da "não relação".

3. A reta infinita

Jorge Chapuis, março de 2018

Problemática e utilização da reta infinita.
Representação e funcionamento.
O espaço borromeano não é o projetivo de Desargues
Sua relação com a corda, o triskel e a trança.

Hoje irei me ocupar de um tema muito particular, mas que por sua vez podemos encontrar estendido ao longo de toda a *via borromeana* de J. Lacan. A reta infinita (RI), a *Droite Infinie* (DI), é uma maneira de escrever ou desenhar uma ou várias cordas de um nó. Quando se emprega uma RI, trata-se de desenhar *aberta* uma corda que, na representação comum de um nó, se desenha como uma linha fechada.

Comecemos pelo fundamental. Uma RI não está aberta, nós somente a desenhamos assim, porque os seus extremos continuam estando unidos, ainda que eludamos a representação de referida união porque esta se realiza no infinito (do plano dessa representação); digamos, num lugar fora de nosso alcance, num lugar ao qual não temos acesso.

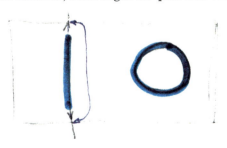

Figura 3.1: Equivalência topológica entre a reta infinita e a corda fechada

Se são a mesma coisa... então qual a sua utilidade? Em algum lugar Lacan diz que, "muito prudentemente, Soury e Thomé não a utilizam", mas ele mesmo não se priva de fazê-lo. Ainda que o porquê e o para que não pareça evidente... no S20 ainda não aparece a RI, mas ele a introduz muito cedo no seminário S21, quando se pergunta acerca da igualdade dos nós, cito: "[...] para que um nó possa ser distinguido de outro, em caso algum cumpriria desenodá-lo [...] por isso não há mais que dois caminhos: ou estender até o infinito a corda que forma nó — e, então, não poderão desenodá-la —, ou unir suas duas extremidades, o que é exatamente a mesma coisa." (S21, **11/dez/1973**).

Quer dizer que, para o nosso uso, uma corda nunca está aberta, ou ela se estende numa reta infinita ou ela se fecha num ponto ao nosso alcance. Em outras palavras, ela não é sem furo...

No S22 ele já utiliza amplamente a reta infinita para uma corda — nesse caso, correspondente a R (S22, **18/fev/1975**).

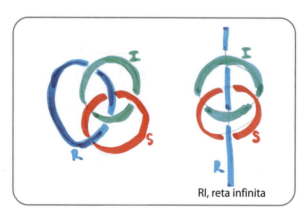

Figura 3.2: NBo3 standard e com R desenhado como reta infinita

No S23 (p. 106, por exemplo), utiliza-se muito o diagrama do NBo3 com dois RIs.

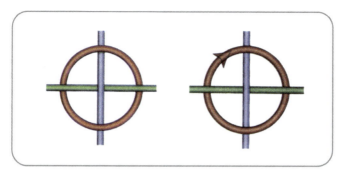

Figura 3.3: NBo3 com dois RIs no S23, p. 108 e p. 110.

Para desambiguizar, convém distinguir RI das retas utilizadas nos diagramas de tranças. Se uma trança, como aquela desenhada por Rithée (p. 35), utiliza retas, o seu "comportamento" não é o mesmo que a RI. Nas tranças, as retas se compreendem emendadas segundo a ordem que apresentam no topo e na base. A RI somente se emenda ou encaixa consigo mesma, e sem que o seu prolongamento se enganche com nenhuma outra consistência.

Poderíamos incluir dentro das RIs o chamado "triskel", que corresponde ao borromeano RSI desenhado com 3 RI.

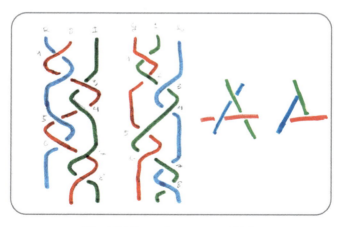

Figura 3.4: Tranças borromenas e triskels.

O que acontece quando a RI aparece num diagrama? Ou, virando a pergunta do avesso: que fenômenos clínicos podem corresponder a uma RI de determinado diagrama?

1) Por ora, *suspender* o fechamento de uma corda numa determinada escrita leva, para dar um exemplo, *à desestabilização* das zonas que Lacan utilizou para os gozos e o objeto.

Na representação clássica do NBo3, graças ao seu aplanamento, podemos discriminar as zonas correspondentes aos distintos gozos — os "por cima" de um registro sobre outro — e o cingido pelos três registros: o objeto a.

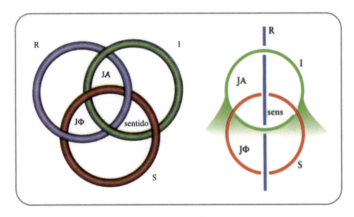

Figura 3.5: Os campos do gozo e o a.

Na *Fig 3.5* no esquema da esquerda (S23, p. 47), estão bem localizados os gozos JA/, JΦ e Jsentido, e o (a), ao passo que no diagrama da direita (correspondente ao S22, p. 30, AFI) poderiam ser escritos do outro lado da corda R, conforme imaginemos que ela feche para um lado ou para o outro. Deslocalização... não sei se é para tanto; porém, ela ao menos mostra bem que localizar esses gozos no NuBo3 implica uma escrita específica.

Lacan também escreve os campos do gozo no nó de trevo aberto, que podemos considerar como prolongado ao infinito, ainda que não se fale de RI.

Figura 3.6: Campos do gozo no nó de trevo aberto.

Desdobro aqui a pergunta que sustento nesta intervenção. Quando e para que convém a Lacan utilizar a representação da RI? Logo formularei algumas hipóteses.

2) Os diagramas de Lacan com RI cumprem uma regra fundamental, a regra borromeana: nunca se enlaçam a dois no infinito, conservam ou "adquirem" essa propriedade. O que é unívoco quando há vários anéis e uma única RI; porém, quando há mais de uma RI, há várias cadeias que respondem a essa escrita/diagrama... e isso pode ser importante. Por exemplo, no nó atribuído a Joyce ao final de *O sinthoma* (S23, p. 151, Zahar).

Nesse mesmo seminário, Lacan nos enuncia um teste. Ele explica que, ao fechar RIs, elas não se prestam "a falhar de modo algum no que podemos chamar de concentricidade delas". Cada uma envolve a outra, mas elas podem se encadear de um modo (borromeano ou não) que, "quanto a esses círculos, não há um que, ao ser envolvido por um outro, não acabe envolvendo o outro" (S23, p. 33-34, Zahar).

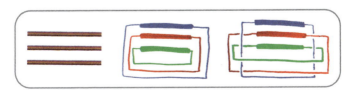

Figura 3.7: Duas variantes de fechamento, envolventes umas com as outras, de 3 RI.

O envolvente borromeano não é outro que não a forma "armilar" (S23, 35). Essas duas formas de *fechar* a RI levam a dois cadenós distintos, com o que vemos que há casos em que um diagrama que utilize a RI necessitará de informação adicional para poder dizer a que cadenó ela corresponde.

3) Podemos considerar a RI como um indicador fiável de como o sistema borromeano de J. Lacan — para dar a ele um nome um tanto pomposo — se aparta das teorias usuais sobre os nós. O espaço borromeano dos nós de Lacan não responde a um espaço euclidiano — em que o infinito nunca se alcança —, nem tampouco ao espaço projetivo — em que todas as retas se cortam —, seja no infinito ou num ponto acessível.

A pergunta se mantém... Por que e para que utilizar RI num diagrama?

Também podemos nos perguntar por que falar em Reta quando bem poderia ser outro tipo de curva. Fica claro que os diagramas são uma representação *"mis-à-plat"*, aplanada ou colocada em plano. Colocar em plano (2 dimensões) um nó implica colocá-lo às claras (*"mis-à-plat"*); porém, quando desenhamos a reta infinita, introduzimos algo não explícito, algo que não está desenhado. 1) O mais evidente e sem ambiguidade é que os extremos da reta se unem formando um anel e 2) — isto já mais ambíguo — como se comporta esta "consistência" com as outras RIs do mesmo diagrama? Ela se encadeia? Não se encadeia? Ela se desencadeia, caso já estivesse encadeada? Para a leitura do diagrama, cumpre supor uma condição de contexto, que, no meu modo de ver, está bastante clara desde o início da RI: estamos num *espaço borromeano* e as cordas *nunca se engancham* umas com as outras.

Nisso, me parece, pode-se ver o que Lacan deve ao espaço projetivo de Desargues (ele nunca deixa de lembrar). Referência, mas também diferenciação, como eu vinha dizendo antes... porque, no espaço projetivo, as RIs se comportam de outro modo: sempre se cortam, mas nunca se emendam.

Mostrarei agora uma espécie de varredura pelos seminários e alguns outros textos para ver onde Lacan utiliza a RI. Vamos ver se podemos aventar algo acerca da pergunta inicial.

No S20, a RI não aparece, e só encontramos um nó aberto referindo-se ao próprio diagrama como uma escrita.

Figura 3.8: S20, p. 166 (Zahar).

No S21 a RI já aparece, e ela ganha importância. Ele começa a utilizá-la para escrever o NBo3. Além do que eu lhes havia citado antes, durante todo o S21, em **21 de maio de 1974** Lacan assimila o NBo3 à trança de seis cruzamentos: "o nó borromeano identificado com a trança de seis movimentos — seis, e não três, como pareceria" (Ver diagramas na primeira aula, p. 35). Ali ele mostra a necessidade dos 6 cruzamentos — ou múltiplos de 6 — para constituir um borromeano e para as tranças cujas cordas se uniriam para fazer ou desfazer cadeias e nó (Ver isso em FS-*Sth*,391-395 e 403-405).

Figura 3.9: Imagens do S21, p. 84, 212, 201 (versão AFI).

Ele também a utiliza aqui para investigar a questão do levogiro/dextrogiro no NBo3, concluindo que: "É, pois, numa relação triádica que se situa, no caso, o que conforma o nó, e podem ver que a reta infinita impõe que não se possa dar a ele nenhuma orientação".

No S22, *RSI*, em **10 de dezembro de 1974**, ele dedica bastante tempo a considerar a RI.

Vemos como a abertura do nó/corda à RI se fundamenta em Desargues: "esses anéis se abrem ou, para dizer simplesmente, se convertem em cordas das quais se presume — por que não?, nada nos impede de propor isso como um postulado — que elas se juntam — por que não? — no infinito."

E explica a diferença: "que com duas retas infinitas podemos, ao enodar um único anel de fio, conservar a propriedade do nó borromeano".

Duas maneiras de ver a RI... Por um lado, poderíamos dizer que, para um dado registro, a RI privilegia a *consistência* da referida corda e mantém noutro plano a diferenciação entre o seu *furo* e a sua *ex-sistência* (Ver o esquema tomado de *RSI* em *Passo a passo 1*, Fig. 1.3, p. 25). Por outro lado, também se pode considerar que o furo desse registro se suspendeu, enfatizando a consistência e a ex-sistência para esse registro. Ainda que ele também diga que, precisamente por isso, é o que melhor representa o furo, porque fica por todos os lados.

Há, em *RSI*, ao menos mais duas referências nesse sentido:

— "[...] um nó pode ser um furo, mas ele nem sempre o é" (*RSI*, **13 de maio de 1975**, AFI p. 70);

— "quando os dois anéis [S, I] são atravessados pelo Real de uma maneira tal [...]" (*RSI*, **17 de dezembro de 1974**), aqui se enfatiza o atravessamento, e não o fechamento, de R.

No S23 há muita RI.

— Nas páginas 32 e 33 (Zahar), vemos desenhados três NBo3 com o propósito de deixar claro que diferentes diagramas correspondem ao mesmo nó borromeano de 3 (dois desses diagramas com RI). Notem que o nó com "orelha" está mal desenhado nas versões publicadas pela Seuil e pela Zahar.

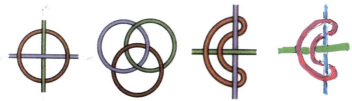

Figura 3.10: Equivalência de diagramas do NBo3, dois com RI (Zahar, p. 32); o terceiro diagrama deve ser retificado.

As 8 cordas da trança da página 46 (Zahar), ao fechá-las ao modo de RIs, revelam que se trata de um nó de 4 cordas, mostrando a relação entre trança e nó (ver *Fig. 2.27*, p. 76). Mas cuidado! Não se trata de retas infinitas: as cordas de uma trança não podem ser consideradas RIs, visto que hão de se unir na ordem correspondente que aparecem no topo e na base da trança. Isso quer dizer que, numa trança, as cordas começam e terminam em paralelo, além do fato de que pode haver conexão de uma corda com outra (nas RIs, não).

No Capítulo VII ("De uma falácia como testemunho do real"), aparece toda uma mostração/demonstração, mediante diagramas com RIs, de "que o que testemunha o real é uma falácia, posto que falei de aparência": girando em torno de supor dois NBo3 distintos apenas colorindo-os (S23, 110).

— Temos também que, ao responder uma pergunta sobre o limite da metáfora, é como se de algum modo se assimilasse toda reta (de nosso campo) à RI: "Não é porque a reta é infinita que ela não tem limite [...]" (S23, 132), porque "faz círculo".

A RI é "a melhor ilustração do furo", ela "tem por virtude ter o furo em volta dela toda" (Zahar, p. 142), aparentemente por eludir "imaginar o que constitui o seu centro" e o que poderia estar ali. Isso como coroamento de declarar que, a partir do borromeano, temos a RI "como outro suporte do traço unário" — por aparecer essencialmente isolada, entendo eu, sem nenhum enlace.

— O último nó de Joyce com RIs (S23, 151). Na versão de *O sinthoma* da Seuil/Zahar, S e R desse nó estão desenhados como retas infinitas e o ego aparece como corda fechada. Mas nas cópias estenográficas, na versão de P. Valas e em *Lacan el borromeo* [Lacan, o Borromeano] de M. Bousseyroux, o ego aparece como uma RI, o que confere ao nó o seu formato em "cruz de Lorena". A esse respeito, remeto ao desenvolvimento de R. Cevasco na Aula 4 (ver p. 146); e, quanto à comprovação da borromeidade desse nó, ao meu Anexo sobre o tema (ver p. 195).

Em *L'insu...* (S24), não localizo a RI de forma explícita, embora ele faça algumas operações *abrindo* as cordas e, para cordas sem fechar, utilize tranças. É algo que revisaremos na terceira parte deste *Passo a passo*.

No S25, em 15 de novembro de 1977, reencontramos a RI como uma fantasia... Comentarei no final.

Também não localizo nada específico nos desenvolvimentos posteriores a 1978.

■ ■ ■ ■ ■

Permitam-me um adendo, que de algum modo tem a ver com a abertura das cordas e com a RI. Trata-se da evolução do objeto *a*, de como se traslada o objeto *a* ao campo borromeano.

Abrir uma corda em um nó e considerar essa corda uma reta infinita (RI) não é o mesmo.... ainda que possa estar relacionado. Ao abrir uma corda, deixa-se em suspenso o que acontece com o seu fecho, ao passo que com a RI está bem claro que essa corda não se enlaçará com nenhuma outra.

Conhece-se bem a evolução do *a* desde os objetos *a* parciais até o objeto *a* causa do desejo: a partir de uma certa localização no furo central do toro da neurose (S9, 1962) até em *L'étourdit* (1972), considerar essa localização um abuso imaginário e entendê-lo incorporado a uma estrutura esférica subjacente que o atravessamento da fantasia revelaria. Onde o encontramos no campo borromeano? No triskel, sem dúvida.

Na representação clássica, o *a* fica bem situado no espaço central onde se entrecruzam os 3 registros: em "A terceira", em *Mais, ainda* e no S23. Inclusive temos um diagrama do nó de trevo com o *a* no centro. Apresento-o aqui colorido de modo a manter o triskel.

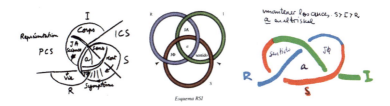

Figura 3.11: Localização do *a* em "A terceira" e no S23 (de trevo colorido).

Neste de trevo, acaso R *está unido* a I para armar o de trevo? Penso que, antes, cumpre ler tal qual está no diagrama... sem mais, pois na forma aberta R e I se "infinitizam"; o nó se desestabiliza; sentido, JΦ e *a* se mantêm delimitados; e JA/, ao contrário, se espalhou por todos os lados. É legítima essa "interpretação"? Não sei... mas por que ela não poderia dar conta de um momento clínico que desejamos mostrar? Lacan vai ensaiando escritas nas quais ele mantém fixo o encadeamento borromeano e busca encaixar os parâmetros do campo fazendo com que "diga" algo a esses diagramas ou escritas. Sobre o objeto *a* (pulsões e objeto causa), ver o comentário de R. Cevasco no princípio da aula 11, p. 133.

Um mesmo nó dá azo a diversas escritas. Volto, então, ao meu comentário sobre o objeto: onde está o objeto *a* nas outras escritas? Ele não tem um lugar preciso.

Numa das figurações da *Fig. 3.12*, podemos situar o *a*/triskel em 4 lugares; noutra, em 8; e nas outras duas ele não aparece em lugar nenhum, não cinge nenhum *a*. Eu diria que, no campo borromeano, o *a* fica bastante *deslocalizado*, dado que não é possível *cingi-lo* na estrutura do nó, ainda que se possa *fixá-lo* (ou *ficcioná-lo*) em algumas escritas.

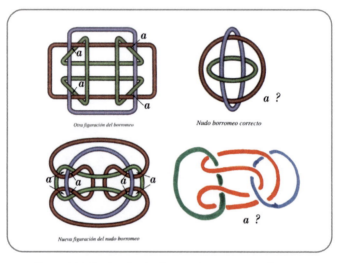

Figura 3.12: Des-localização do *a* em algumas escritas do NBo3.

O campo borromeano revela — ainda mais que a topologia de superfícies — o caráter de suposição que, em Lacan, o objeto causa vai adquirindo, e daí a *des-crença* nele. Ver o comentário de R. Cevasco e as citações que ela apresenta de *O sinthoma*, na p. 134 deste livro.

■ ■ ■ ■ ■

Seguindo na busca do estatuto da RI, permitam-me agora que me ocupe brevemente das transformações.

Lacan foi construindo, ao longo de seu ensino, o seu *método borromeano* — para usar a expressão que devemos a M. Bousseyroux —, que se compõe de certas estruturas organizadas com elementos (cordas e as relações entre elas) e certas operações. Ele nos deixou muitas estruturas bem definidas e suas escritas: NBo3, NBo4, de trevo, o nó de Joyce, e várias outras mais com os seus diagramas. Mas, no meu modo de ver, as operações que a clínica psicanalítica — ou a vida... — coloca em marcha para manipular, mover ou transformar esse ou aquele nó *parlêtreiro* estão menos definidas.

Proponho primeiro discriminar entre dois tipos de operação: *de escrita* e *de estrutura*, por assim dizer. Não vou além disso quanto a considerações sobre como umas e outras afetam os implicados, para o que seria preciso contrastar caso a caso nas apresentações clínicas que forem feitas.

1. DE ESCRITA, isto é, movimentos do nó que mudem a sua "apresentação" ou escrita, mas sem modificações na estrutura do próprio nó;
2. DE ESTRUTURA, isto é, operações que implicam mudança da estrutura do nó.

Dentro dessas operações *de estrutura* poderíamos discriminar entre:

- *desencadeamento*: o nó se desarma, sem especificar a que isso se deve;
- *corte*: ruptura de uma corda, a sua consistência se perde e não se especifica o que acontece depois;
- *emenda* ou *encaixe*: unem-se duas cordas soltas, restaura-se a consistência de uma corda ou unem-se duas cordas abertas;
- *lapso*: produz-se num cruzamento da mesma consistência ou entre duas cordas distintas. Uma corda atravessa a outra — ou ela mesma — de modo que o cruzamento fica invertido. Também pode ser imaginado como corte/emenda sucessivos. Equivale a uma transformação por *homotopia*, na linguagem técnica

de teoria de nós, o que J.-M. Vappereau chama de *movimento górdio*.

Como encaixamos a RI nesse funcionamento? Quando encontramos um diagrama/escrita com RI que corresponde a — ou provém de — determinado nó, que tipo de operação se realizou? É um movimento de *escrita*, sem dúvida, mas... estamos, além disso, diante de alguma das operações de *estrutura*?

No meu entender, não se pode dar uma resposta geral, e esse é o problema da RI.

Nos casos da *Fig. 3.12*, trata-se somente de distintas escritas da mesma cadeia; em contrapartida, no caso do nó final de Joyce, parece que há algo mais — remeto novamente ao desenvolvimento de R. Cevasco a partir da p. 142 e ao meu Anexo sobre o tema (ver p. 195).

Analisando os diagramas que Lacan oferece em seus seminários (os esquemas que ficaram registrados), a minha ideia sobre a RI é a seguinte: a RI nunca se encadeia com nenhuma outra consistência (S23, p. 32-36). Portanto, caso se entenda que ela provém de uma corda que *já possuía* um enlace borromeano, estamos apenas diante de uma mudança de escrita. Por outro lado, caso *corresponda* a uma consistência enlaçada *a dois* com outra, escrevê-la como RI produz um desencadeamento! Ela se *desencadeia* da corda com a qual se enlaçava, isto é, funciona como um *lapso* ou uma transformação *homotópica*. É esse o caso do nó final de Joyce.

■ ■ ■ ■ ■

Termino com um breve comentário sobre *Momento de concluir* para fechar o círculo de nossa RI, distinta da reta infinita do espaço euclidiano, com as seguintes frases extraídas de 15 de novembro de 1977.

— "O que chamamos de 'razoável' é uma fantasia", condição que ele atribui a toda a geometria euclidiana.

Razoável... e nesse ponto impera a razão, e assim nos confunde. "Uma fantasia não é um sonho, é uma aspiração. A ideia da linha reta é, manifestamente, uma fantasia. Por sorte saímos disso. Quero dizer que a topologia restituiu o que cumpre chamar de 'trama'."

Se bem que ele não se refere explicitamente à RI, ele fala em *reta*. Porém, uma reta sempre é infinita! E como comentava antes, as retas do nosso espaço borromeano não se comportam como no espaço euclidiano. Nossas retas nem se cortam, nem se encadeiam no infinito, elas somente se encaixam.

Depois de um parágrafo no qual relaciona a ideia com a coisa, o equívoco e o sexo...

> Usar a escrita para produzir equívoco, isso pode servir porque necessitamos precisamente do equívoco para a análise. Necessitamos do equívoco — é a definição da análise — [...]" (S25, 15/nov/1977)

... ele nos indica que o analista faz algo com isso:

> O psicanalista é um *rhêteur* [retórico]. Para continuar equivocando, diria que ele *rhêtifie* [retoriza], o que implica que ele *rectifie* [retifica]. O analista é um *rhêteur* [retórico], ou seja, *rectus* — palavra latina equívoca com a *rhê*tification [retorização/retificação]. Tenta-se dizer a verdade. Tenta-se dizer a verdade, mas isso não é fácil porque há grandes obstáculos para que a verdade se diga. Será que não nos enganamos com a escolha das palavras? A verdade tem a ver com o Real e o Real está *doublé* [dobrado/duplicado], por assim dizer, pelo Simbólico. (S25, 15Nov.1977, AFi10/11)

Podemos ler que Lacan diz que está do lado do analista — do desejo do analista — fazer aparecer a RI no nó? É uma hipótese...

Seria uma operação produzida pelo ato analítico — quando se propõe o analista *rhêteur* [retórico/retificador] —, e também haveria sujeitos que poderiam consegui-lo por outras vias, como faz Joyce segundo o cadenó em cruz de Lorena proposto no final do S23.

E o significante?

> Pensamos *contra* um significante. É o sentido que dei à palavra *apensamento*. Apoiamo-nos contra um significante para pensar. (S23, Zahar, p. 151)

E conferindo uma forma topológica:

> A ideia de vizinhança, é simplesmente a ideia de consistência que nos permite dar corpo ao termo "ideia" [...], isso tem um corpo e uma palavra o representa. E a palavra tem uma propriedade totalmente curiosa: *fêle a chose*, por homofonia *fêler* (castrar, fender) e *fait* (fazer)], que não é uma má maneira de fazer equívoco. (S25, 15/Nov/1977)

■ ■ ■ ■ ■

Tentei aqui revisar algumas pistas sobre o uso da RI e o que ela pode oferecer. Porque interessa, me interessa, buscar ajustes entre os fenômenos que a experiência analítica localiza (na realidade, entre as formas que até agora utilizamos para situar esses fenômenos) e os "avatares" das cadeias borromeanas (e suas derivadas) com seus diagramas escriturais.

Ajustar essas formas que já "*conhecemos*" aos enlaces e desenlaces, cortes e encaixes, a cruzamentos e enganches, a seus movimentos górdios próprios ou impróprios (usando a expressão de J.-M. Vappereau), inclusive a seus simples movimentos de um nó que dão origem a escritas distintas.

E colocar todo isso à prova.

4. Lapsos e reparos do nó de trevo

Abril de 2018

Soluções sintHomáticas e não sintHomáticas.
Fantasia e sintHoma.
Escrita da não relação sexual.
Univocidade de um nó.
Consistência, existência, furo. Nó aberto.
Distinção entre gozo peniano e gozo fálico.
Concepção materialista da subjetividade.
Nó borromeano generalizado.

Faço esta intervenção pela sugestão, pela incitação de Lacan:

"Au noeud il faut s'y rompre"

Temos de quebrar a cabeça, e as mãos, com o nó, porque temos de exercitar não só a sua escrita, mas também a sua fabricação material.

É a única via de vencer a resistência suposta, para todos nós, como nos lembra Lacan, ao manejar, com o nosso espaço *"mos geometricus"*, com a resistência que a ele se soma, e a dos próprios psicanalistas, como o próprio Lacan afirma.

"Pensar no nó, coisa que acontece mais comumente com os olhos fechados, podem tentar, é muito difícil" (S23, 28). Lacan tenta se orientar nesta "consideração do nó" que "só é imaginada através de todos os tipos de resistências, e mesmo de dificuldades" (S23, 31).

Não pude estar presente na intervenção do mês de março e, como na primeira parte deste seminário (*Passo a passo 1*, p. 83-ss), fui substituída por Jorge Chapuis, que explanou o que dizia respeito à Reta Infinita (ver p. 81-ss).

Depois farei alguns breves comentários. Vou prosseguir agora com os lapsos do nó de trevo e suas soluções: SintHomáticas e não SintHomáticas.

Antes de qualquer coisa, vejamos os três lapsos possíveis de um nó de trevo que o converte num nó trivial.

Lacan chama o nó de trevo de "nó de três" porque esse nó apresenta uma consistência que, enrolada sobre si mesma, descreve três cruzamentos. Cumpre não o confundir com o nó borromeano de 3 cordas: NBo3.

Ele falará em "pseudo-nó de trevo" ou "pseudo-nó de três" quando um nó de trevo, por causa de um lapso, converte-se num simples nó trivial (uma consistência), mas é apresentado, escrito, com os cruzamentos característicos do nó de trevo.

Cada um desses lapsos pode ser "reparado" recorrendo a uma consistência "a mais". Consistência "a mais" que é apresentada por um círculo que converte o pseudo-nó de trevo numa cadeia-nó de duas consistências. Partiremos agora colorindo uma consistência e a outra. A que tem forma de de trevo, em verde; e a que tem forma de círculo, em vermelho. Logo veremos a utilidade desta "coloração".

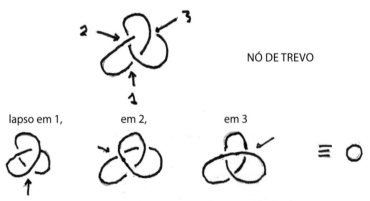

Figura 4.1: Lugar de três lapsos possíveis em um nó de trevo que o torna equivalente a um nó trivial: pseudo-nó de três.

Há três reparos "sintHomáticos" possíveis. Com efeito, Lacan chama de reparos sintHomáticos aqueles que se fazem no lugar mesmo do lapso.

Figura 4.2: Os três reparos sintHomáticos dos lapsos de um de trevo.

Advertência: Apontamos de passagem o erro da página 84 da versão Zahar do S23 (carregado da versão Seuil, p. 87). Ali se apresentam dois nós com a epígrafe "Do nó borromeano ao nó de trevo". Mas não se trata de um nó de trevo, mas sim de um pseudo-nó de trevo, equivalente a um nó trivial.

Distinguem-se, como já disse, os reparos Não SintHomáticos — quando o reparo não se situa no lugar do lapso — e SintHomáticos (*Figura 4.2*) — quando o reparo se faz no mesmo lugar em que o lapso se produziu.

Tomemos como referência, por exemplo, o caso de pseudo-nó de trevo produzido por lapso no cruzamento "de baixo" (lapso no cruzamento 1, ver *Fig. 4.1*, p. 98). Temos duas possibilidades de reparo desse lapso: uma num lugar diferente do lugar do lapso e uma no mesmo lugar em que o lapso se produziu.

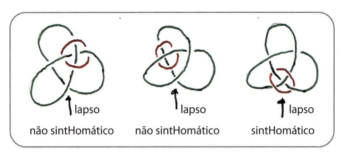

Figura 4.3: Três reparos possíveis do nó de trevo. Dois em lugares diferentes do lugar do lapso, um no lugar do lapso (sitHomático).

Examinemos o que se passa com os reparos/suplências chamados de "não SintHomáticos". É uma questão bem interessante e que possui claro valor clínico.

Os reparos/suplências "não SintHomáticos" produzem uma cadeianó de duas consistências, chamada de "cadeia de Whitehead". Já a havíamos encontrado como cadeianó da fantasia (*Passo a passo 1*, p. 38).

Figura 4.4: Cadeia de Whitehead: oito em verde, círculo em vermelho.

Trata-se de uma cadeia-nó de duas consistências, dois anéis de corda. Um anel de corda em forma de oito (em verde) e a outra em forma de círculo (em vermelho).

Lacan havia apresentado um esboço desse tipo de cadeia-nó já no início de seu encontro com os nós — ver a aula que corresponde às respostas dadas a J.-A. Miller no momento de estabelecer a versão da Aula X do seminário *Mais, ainda* (S20, p. 179 da versão Zahar).

Nesse Capítulo X do seminário *Mais, ainda* (S20), Lacan faz um longo comentário acerca dessa "reciprocidade" entre o sujeito e os objetos de seu mundo; entre o sujeito (representado aqui pela cor verde) e seu "mundo", fabricado com seus objetos (representado aqui pelo círculo de cor vermelha) — objetos mundanos que se distinguem do objeto a de Lacan.

Essa reciprocidade se lê no fato de que as duas consistências podem se intercambiar — o oito (cor verde) e o círculo (cor vermelha) — sem recorrer a nenhum corte ou emenda, isto é, por deformação contínua, sem que se altere a estrutura topológica. Temos, pois, um caso de "equivalência" entre essas duas possibilidades, de acordo com a definição que apresentamos.

Aqui o termo *equivalência* se refere tanto à equivalência entre as duas cadeias-nó de duas consistências quanto à equivalência entre os dois elementos — as duas cordas, as duas consistências — entre si.

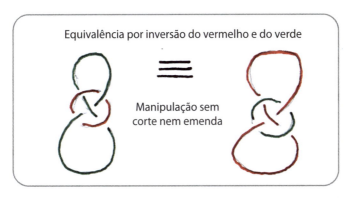

Figura 4.5: Ilustração da intercambialidade (equivalência) entre o oito e o círculo.

Essa cadeia de Whitehead ilustra, permite "ler", a fórmula nodal do matema da fantasia ($ \mathcal{S} \Diamond a $). A particularidade dessa cadeia, obtida então por uma suplência "não SintHomática" — diríamos, pois, pela suplência fantasística — do pseudo-nó de trevo. As suas duas consistências são intercambiáveis, sem que haja modificação, sem uma real transformação topológica da cadeia-nó. Passa-se de uma das formas à outra por simples manipulação, sem cortes nem emendas.

Pode manipular-se e comprovar-se bastante facilmente essa propriedade de intercambialidade do vermelho e do verde, como Jorge Chapuis nos mostra aqui e agora.

■ ■ ■ ■ ■

Trata-se, então, de examinar o que acontece quando o reparo do pseudo-nó de trevo — recorrendo à consistência em forma de anel — se realiza no próprio lugar do lapso (para o nosso exemplo da *Fig.4.3*, o cruzamento situado em baixo). Ou seja, o que acontece quando o reparo, como explicitamos, é SintHomático?.

Em primeiro lugar, Lacan apresenta um nó que chama de nó "oito", pela forma de oito da consistência na cor vermelha (à esquerda, na *Fig. 4.6*) — ao passo que a consistência verde, em forma de círculo, fica, por assim dizer, no seu interior.

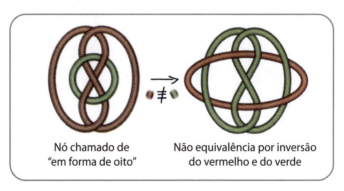

Nó chamado de "em forma de oito" Não equivalência por inversão do vermelho e do verde

Figura 4.6: Não intercambialidade do reparo Sinthomático. Transformação por deformação (Zahar, p. 96-97).

Ele apresenta, em seguida, um outro nó de "oito", que se obtém por deformação do anterior (à direita, na *Fig. 4.6*), e aclara: "Vão obter, com muita facilidade, a passagem de uma forma para a outra. Nada mais simples", basta estirar "as coisas de maneira a que o duplo oito faça aqui um anel. [...] o anel verde se torna um duplo oito verde [...] é um duplo oito com a mesma dextrogiria" (S23, 96).

J. Chapuis esclarece que até agora não se pode falar em intercambialidade entre as cordas do nó... Nós somente "invertemos" a forma, de modo que a corda verde do segundo diagrama forma um 8 similar ao 8 que a corda vermelha formava no primeiro diagrama.

Resulta então, afirma Lacan, que o "que chamei há pouco de equivalência está, de fato, longe de ser equivalente". Enquanto no primeiro desenho (esquerda da *Fig. 4.6*) o anel verde é, por assim dizer, interno ao conjunto do que aqui é suportado pelo duplo oito vermelho, no segundo desenho (direita da *Fig. 4.6*) o vermelho é externo ao duplo oito verde.

Neste caso não há intercambialidade entre o vermelho e o verde. Por mais manipulações que se façam.

Com o reparo SintHomático obtemos um nó em que o vermelho (círculo) e o verde (oito) não são intercambiáveis.

Por mais manipulações que se façam, o duplo oito (verde) não pode atravessar o círculo (vermelho).

Temos, então, duas formas de cadeia-nó de duas consistências que não são intercambiáveis, diferentemente do que se passava com os reparos Não SintHomáticos, que davam numa cadeia de Whitehead — na qual, por sua vez, havia intercambialidade entre as duas consistências.

Lacan nos informa que fez o "nosso querido Jacques--Alain Miller" trabalhar em sua casa de Guitrancourt para que tentasse fazer passar o vermelho para o lugar do verde e reciprocamente, ou seja, que descobrisse "a equivalência que poderia ser produzida". O resultado: "é claro que a equivalência não pode ser produzida [...]o verde não poderia ultrapassar a banda externa do duplo oito vermelho." (S23, 97). Para mais detalhes, ver o Anexo de J. Chapuis (p. 209).

■ ■ ■ ■ ■

Essa distinção entre as soluções Não SintHomáticas e SintHomáticas dos reparos do pseudo-nó de trevo nos apresentam, pois, uma distinção entre fantasia e sintoma. O seu interesse é, portanto, permitir certa distinção nodal entre o nó da fantasia e o nó do sintHoma.

· · · · ·

E, ponto fundamental, Lacan conclui: "No nível do *sinthoma* [da solução *sinthomática*], não há portanto equivalência da relação do verde e do vermelho [...]. Na medida em que há *sinthoma*, não há equivalência sexual, isto é, há relação" (S23, 98).

Há relação, mas precisamente apenas porque há relação sintHomática!

Segue um raciocínio de Lacan um tanto enredado. Lacan apresentará a cadeia-nó da fantasia como a escrita de uma "não relação": para que haja relação, com efeito, não deveria haver equivalência (reciprocidade) entre as duas consistências — vermelho e verde — que podem intercambiar seus lugares (Ver a *Fig. 4.5*). Se tomamos as consistências verde e vermelha como se fossem homem e mulher, a sua diferença sexual seria negada.

· · · · ·

Como anunciei, com o seu "método dos nós" Lacan almeja passar da formulação "não há relação sexual que se possa escrever" para uma tentativa de escrita: escrever a "não relação". Passar, pois, de uma forma negativa ("Não há escrita...") para uma forma positiva ("Há a escrita da não relação").

Em **15 de abril de 1975**, Lacan afirma "[...] o enodamento borromeano pode suportar o termo 'não relação sexual'" (S22).

Em contrapartida, a interpenetração direta — como vimos — entre dois anéis de corda (enlace) suporta a noção de "relação". O termo *não relação* é ilustrado topologicamente, pela cadeia-nó de duas consistências, na qual os elementos podem ser intercambiados um pelo outro (ver acima, *Fig. 4.5*).

Se há intercâmbio porque os elementos são equivalentes, não há relação. Por outro lado, quando há relação, ela é somente SintHomática.

É esse, de modo muito sucinto e resumido, o argumento de Lacan.

Recomendo, para este ponto, ver o livro de Guy Le Gaufey, *Le pas-tout de Lacan*, (Epel, 2006). Há versão em português brasileiro: *O não-todo de Lacan* (Scriptorium, 2015).

Em **13 de maio de 1975**, em *RSI* (S22), Lacan insistiu:

> [...] ao entrar na figura do nó, há outra maneira de suportar a figura da não relação dos sexos: fazendo com que eles suportem [a ambos os sexos] por dois círculos que não estejam enodados entre si.

É disso que se trata quando se fala em não relação.

> Cada um dos círculos, dos anéis de corda que se constituem, *não sabemos ainda de que na relação entre os sexos* [grifo nosso], cada um na sua maneira de girar em torno como sexo não está enodado com o outro. Isso que quer dizer a minha não relação.

■ ■ ■ ■ ■

Lacan se interroga, no contexto dessa problemática acerca da unicidade do nó — temática que já mencionei —, sobre quando distintos nós podem remeter a um só nó. Problema, portanto, da "equivalência" entre os nós.

Quando diferentes nós podem ser reduzidos a um só, a um mesmo nó? Como lidar com algo que, como P. Soury havia dito, pode ser semelhante, mas não o mesmo? Essa última frase se refere, por um lado, a R, S e I, equivalentes entre si, cada qual sendo um entre outros; e, por outro, marca uma diferença entre eles, uma vez que se distinguiram porque os nomeamos, identificados mediante letras, por cores... tal como fizemos em nosso *Passo a passo 1*. Por outro lado, um nó pode ser semelhante a outro, mas não ser o mesmo: *"du même au pareil, il y a une distance"* [do mesmo ao semelhante há uma distância], havia dito Soury.

Lacan insiste com o próprio P. Soury para saber quando se pode dizer que diferentes representações correspondem, apesar disso, a um único e mesmo nó. M. Thomé também participa desse debate.

Com efeito, se houvesse dois nós de 3, por exemplo, qual deles pode ser considerado o verdadeiro? Melhor dizendo, qual seria o mais apto para escrever a não relação?

A questão da "univocidade" do nó se faz central na reflexão em torno da não relação.

Em **9 de março de 1976**, Lacan retoma a indagação: quando uma cadeia borromeana de três cordas corresponde a dois objetos diferentes? (S23, 109-ss.)

Tema de que tratamos na segunda intervenção do mês de fevereiro (ver p. 49-ss).

Nessa ocasião, ele volta a se ocupar da Reta Infinita para afirmar que Soury e Thomé "prudentemente [...] não utilizam". Ele explica que, na escrita dos nós, a RI é "um equivalente do círculo, caso seja completada por um ponto no infinito". E Lacan aclara que "o que se exige de duas retas infinitas é que elas sejam concêntricas, isto é, que não façam cadeia entre elas" (S23, 110).

E prossegue: "Desargues enfatizara isso há muito tempo, mas sem precisar que as retas de que se trata, ditas infinitas, não devem se encadear. Com efeito, nada do que ele formulou [...] teve essa precisão concernente ao ponto dito no infinito". Ele não precisou nada que diga respeito ao "[...] ponto no infinito da reta como não se prestando a falhar de modo algum no que podemos chamar de concentricidade delas" (S23, 33).

Que as retas sejam concêntricas quer dizer que não formam um enlace, não se "encadeiam".

Chapuis aclara: o *espaço* projetivo de Desargues requer precisamente que duas retas infinitas paralelas atinjam o mesmo ponto no infinito, onde se cortam. O *espaço borromeano* de Lacan estabelece que as RIs nem se cortam — igual a qualquer corda —, nem se enlaçam.

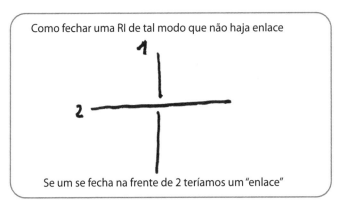

Figura 4.7: Condição de uso da RI nos nós: que não formem um enlace.

No contexto dessa reflexão, Lacan comenta: "a noção de par [*couple*] colorido está aí para sugerir que, no sexo, não há nada além do que, digamos, o ser da cor" (S23, 112). Pode então haver mulher cor de homem ou homem cor de mulher.

Apoiando-se na figura em que o vermelho é o simbólico, "os sexos, nesse caso, ficam opostos como, para retomar meus termos, o imaginário e o real, como a ideia e o impossível", aclara Lacan (S23, 112). Ou seja, como o I e o R. Ele se refere à cor em dois nós da mesma orientação (ver *Fig. 2.5*, p. 51), já que é só mantendo a mesma orientação que se pode dizer se, ao inverter as cores, estamos ou não diante do mesmo objeto.

Lacan a toma como ponto de apoio para desembocar em um "não há relação sexual" nesta cadeia. Repito: se os elementos são equivalentes (melhor dizendo, intercambiáveis) entre si — numa cadeia de Whitehead, cadeia da fantasia —, então não há relação, pois toda relação requer que os elementos sejam heterogêneos.

Vimos que não é esse o caso dos reparos "Não SintHomáticos", que dão lugar à cadeia de Whitehead, em que o vermelho e o verde podem se intercambiar sem que se modifique a topologia da cadeia-nó de duas consistências (ver acima, *Fig. 4.5*, p. 101).

Nesse contexto, Lacan se inspira na cadeia de Whitehead para a escrita da intercambialidade entre sujeito e objeto que lhe serve para uma escrita da "não relação".

Em contrapartida, o reparo "sinthomático" do lapso do nó de trevo — isto é, quando ela se efetua no próprio lugar em que o lapso se produziu — leva a uma cadeia-nó na qual não há intercambialidade entre as duas consistências (a vermelha e a verde, ver aqui *Fig. 4.6*, p. 102).

O raciocínio que Lacan segue — como já disse — é o seguinte: se há equivalência entre dois elementos, não há relação.

Há, em contrapartida, um vínculo (um laço, caso queiram) entre sujeito e objeto que se podem intercambiar um pelo outro, como acontece com a fantasia ($\$ \Diamond a$), desenhando o rombo de tal maneira que equivalha a um trajeto do tipo banda de Moebius, pois se passa de um lado a outro).

Quando não há equivalência/intercambialidade entre as duas consistências, é possível, por sua vez, conceber uma relação! — visto que os dois elementos são heterogêneos.

Mas, e aí está a originalidade — a astúcia, diria eu — do raciocínio de Lacan: essa relação é, necessariamente, uma relação "SintHomática"... suplência ao fato de que não há relação/proporção sexual.

Isso quer dizer que cabe ao sinthoma suportar, por assim dizer, o vínculo com o outro sexo.

É bem conhecida a afirmação de Lacan segundo a qual uma mulher pode ser sinthoma de um homem, ainda que não se decida por afirmar o inverso, isto é, que por fim um homem também poderia ser um "sinthoma" para uma mulher. Mas, ao final, ele acaba falando de um sinthoma-ele e de um sinthoma-ela, com "h".

Sigamos, passo a passo e literalmente, o raciocínio de Lacan: "Na medida em que há *sinthoma*, não há equivalência sexual, isto é, há relação." E acrescenta: se a não relação deriva da equivalência, a relação [sexual] se estrutura na medida em que não há equivalência".

Mas Lacan afirma: "Há, portanto, ao mesmo tempo, relação sexual e não há relação", porque "há relação na medida em que há *sinthoma*, isto é, em que o outro sexo é suportado pelo *sinthoma*" (S23, 98).

Lacan, como bem mostra Guy le Gaufey, busca nas "asperezas" do nó um saber suscetível de acolher os sexos sem hipostasiá-los.

Toda esta reflexão sobre a escrita nodal da não relação é contígua — como já mencionados — à interrogação concernente à "univocidade" do NBo3.

Lacan então propõe recorrer a uma metáfora para identificar cada um dos sexos: "convencionemos que os dois sexos são simbolizados aqui pelas duas cores": vermelho e verde" (S23, 97).

São as cores que retomamos para o exame das soluções sintHomáticas e não sintHomáticas do pseudo-nó de trevo. A cadeia de Whitehead ilustra, à sua maneira, que a sexualidade se reduz ao *au-sexo* (*l'absexe* de "O aturdito"). A relação objeto/sujeito vem, por assim dizer, no lugar onde não há relação sexual. A fantasia pode, assim, ser lida como uma suplência à não relação/proporção sexual.

Apesar disso, será preciso voltar a essa questão, pois em **11 de abril de 1978**, no seminário *O momento de concluir* (S25), Lacan afirmará a possibilidade de relação sexual entre gerações vizinhas. E em **9 de janeiro de 1979**, em

A topologia e o tempo (S26), ele duvida e se pergunta, por fim, se o seu nó não seria, no fim das contas, somente uma metáfora — isto é, que não seria "real" como ele havia proposto —, e inclusive formula a pergunta se acaso não haveria um terceiro sexo. Parece que apenas o encontro com o "nó generalizado" lhe permitiria escapar dessa dúvida. Voltarei a esta questão em nosso *Passo a passo 3*.

■ ■ ■ ■ ■

Com a intervenção de Jorge Chapuis, vocês devem ter visto que a RI traz certos problemas. Que sentido, que uso, que consequência tem abrir um anel de corda e apresentá-lo como uma Reta Infinita?

Lacan a utiliza com frequência, como já ilustrou J. Chapuis.

No nó apresentado em "A terceira", Lacan começa a utilizar a abertura dos anéis de corda — a consistência do simbólico, do real e do imaginário — para situar nessa abertura o lugar do sintoma, da angústia e da inibição, respectivamente. Abertura que permite também "ler", no nó de "A terceira", o campo do falo, do pré-consciente e do inconsciente (ver *Passo a passo 1*, Fig. 2.15, p. 78).

■ ■ ■ ■ ■

MB propõe que a RI equivale a esse espaço compacto da reta numérica acabada, ou seja, o corpo dos números reais ao que soma menos infinito e mais infinito.

Retomo aqui o uso que ele faz da RI, por exemplo, na escrita de um NBo5.

Essa RI restabeleceria um enodamento ali onde se haveria quebrado o que estava assegurado num NBo4 pela via de uma nomeação simbólica (recordemos, a que assegura a roda entre o Simbólico e o SintHoma), ou pela via da inibição (roda entre I e R).

MB apresenta um NBo5 como nó transitório no final de uma análise passando por uma Nomeação real (Nr) via angústia (NBo5 da angústia):

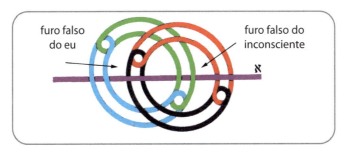

Figura 4.8: A satisfação do fim (MB *AuR*,226) colorida por J. Chapuis

Nessa *Fig. 4.8*, encontramos a RI da angústia passando pelo centro de ambos: "A satisfação de fim como nomeação do ICSR via angústia", via uma nomeação real da angústia. A versão de *Au risque...*, em francês, não utiliza cores. Jorge Chapuis coloca cores que permitem uma melhor discriminação dos anéis.

A RI da angústia passa pelo centro de ambos os furos falsos: S e Σ, furo falso do Inconsciente; e R e I, furo falso do eu.

O esp de um laps (o espaço de um lapso, em referência à expressão do "Prefácio à edição inglesa do *Seminário 11*", de **1976**), o "real" do inconsciente, o inconsciente enquanto real, teria conseguido romper essa roda — que pode ser interminável, como dissemos — entre o simbólico e o sinthoma.

Com essa RI, portanto, passa-se a um NBo5 via angústia como nomeação real.

■ ■ ■ ■ ■

Aproveito essa referência a MB para retornar a algumas apresentações de NBo4, NBo5 e NBo6 que ele nos sugere.

1. Em primeiro lugar, o NBo4 que nos permite distinguir entre o furo falso do Ics (roda entre Simbólico e SintHoma) e o furo falso do eu (roda entre I e R).

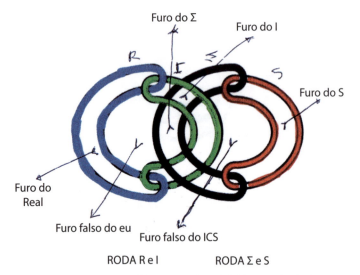

Figura 4.9: Furo falso do Ics e do eu (FS-*Sth*, 200 coloridas).

2. Em seguida, MB apresenta o caso em que, se o NBo4 falha, assegurado por uma nomeação simbólica ou imaginária, pode-se recorrer a 5 ou 6 anéis de corda para garantir um enodamento borromeano.

Ele apresenta, assim, o NBo5 da angústia (com o qual já nos deparamos em *Passo a passo 1*, p. 157) e o NBo6 da fantasia. Estas apresentações de MB têm a vantagem de nos permitir "ler" o lugar dos diversos furos (falsos) do inconsciente, do eu, da angústia... e por aí vai.

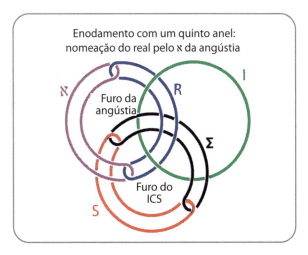

Figura 4.10: NBo5 da angústia. Nó pela via do quinto anel: nomeação real pela angústia (MB-*AuR*, 201), traduzido e colorido por J. Chapuis

E, por fim, o NBo6 da fantasia: quando se produz um emparelhamento, um acoplamento, entre o real e a fantasia. Fantasia que aqui, talvez paradoxalmente, é concebida como possibilidade de assegurar um enodamento borromeano — MB o exemplifica com o caso do Homem dos Lobos.

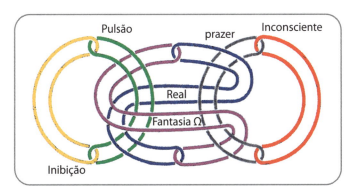

Figura 4.11: Acoplamento do real e da fantasia (MB-*AuR*, 203), traduzido e colorido por J. Chapuis

■ ■ ■ ■ ■

4. Lapsos e reparos do nó de trevo | 113

Vocês examinaram, com Jorge Chapuis, a dificuldade — ou não — que se apresenta no que concerne a situar o furo numa RI.

Retomo uma citação dele: "Poderíamos dizer que a RI privilegia a consistência e relega a segundo plano a diferenciação entre furo e ex-sistência" (p. 88). Ele também nos lembra que, no S23, encontramos que A RI é "a melhor ilustração do furo", ela "tem por virtude ter o furo em volta dela toda".

E eu me pergunto: acaso isso é uma virtude? Por quê? Quando?

Que manifestação clínica evoca?

Não sei se, por ora, poderei responder muito categoricamente a essas perguntas. Mas comunico ao menos o que elas me evocam.

A consistência é o traçado da RI, rodeada por uma exterioridade na qual cumpre situar tanto o furo quanto a existência. Digamos, se me permitem, que o furo se sobrepõe à existência; ele é o que está totalmente fora da consistência, não cingido por ela, não encerrado por ela.

Toda ex-sistência é furo. Diferentemente do círculo, no qual a consistência delimita o furo, bordejando-o e deixando de fora a ex-sistência.

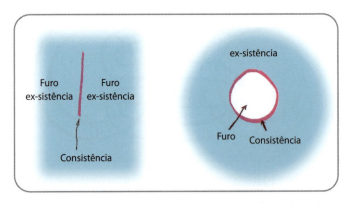

Figura 4.12: Consistência da RI e consistência do círculo. (J. Chapuis)

Nós nos perguntamos: por que Lacan utiliza a Reta Infinita de maneira tão preferencial, quando na teoria da topologia matemática não se parece fazer nenhum uso de tal RI, e quando o próprio Lacan menciona, como já disse, que os matemáticos que o acompanham em sua investigação dos nós, R. Thomé e P. Soury, têm a prudência de não a usar? Em todo caso, a RI ilustra que o furo está posto em continuidade com a ex-sistência... entendida como aquilo que está fora de todo e qualquer sentido.

Sabemos que "o real não vai sem o furo que a ele subsiste" pelo fato de que sua consistência não é nada, a não ser a do conjunto do nó que ele forma com o simbólico e o Imaginário.

A função de "fazer furo" é uma função que provém do simbólico. Se o simbólico fura o Real, a borda desse furo, sua consistência, ele somente a adquire por seu enodamento com o Simbólico e o Imaginário — que, de algum modo, podemos dizer, transmite-lhe a sua consistência.

No nó, o simbólico e o imaginário "resistem" ao real. Mas o Real só tem ex-sistência a partir de seu encontro com o Simbólico e o Imaginário. O que poderia significar falar de furo do real se não fosse em relação com o simbólico e o imaginário?

Toda a tentativa de Lacan vai no sentido de conferir ao real uma localização possível através de uma escrita e tirar o furo do registro do inefável, do indizível... no qual a experiência mística o mantém.

Localizá-lo é fazer do furo algo operatório. A escrita nodal permite abordar, delimitar algo — e, de algum modo, apreender e poder operar precisamente com algo — que não pode ser apanhado pelas palavras.

Insisto, portanto, em afirmar que a escrita nodal dá um suporte operatório ao furo.

O real cingido a partir da lógica modal não é suficiente. Ele enuncia uma negatividade (não se pode escrever a proporção/relação sexual); porém, como enunciado, sempre pode ser negado. Um real, portanto, atrevo-me a dizer, que se assemelha ao promovido pela Teologia negativa... um Deus que não pode ser nomeado!

Mas Lacan irá mais longe: ele não só enuncia uma negatividade — na forma da impossibilidade —, como também tenta escrever positivamente o real da "não relação".

Com a escrita nodal Lacan quer dar um suporte, um assentamento ao real. Dar ao real um assentamento material... Assim, o método dos nós, afirmaria eu, é um "materialismo", por mais que recorramos a uma representação imaginária dessa materialidade com a escrita, com sua *"mise à plat"*. Esse "abuso imaginário" de que já falava Lacan em "O aturdito".

Cabe aqui recordar, ponto sobre o qual insisto com frequência, que temos de situar a categoria do "real" em diversos planos:

— É real o fato de que as três dimensões existem: as di(z)menções do simbólico, do real e do imaginário. O real está, assim, de saída, conformado por uma triplicidade, e isso é válido para todo *parlêtre*. MB fala disso em termos de "axioma": há três... dimensões para todo *parlêtre*.

— Mas o real é também Um, como o são o simbólico e o imaginário. O mínimo sentido dado ao Real é, enquanto Um, um real "numerado". A lógica do Um introduz esse "mínimo" de sentido do Real. Um entre três. Um entre outros dois Uns. Os três são equivalentes entre si, com sua consistência, seu furo e sua ex-sistência.

— E, por fim, o próprio nó é real.

Evoco a citação do S23, p. 103:

> Claro que o real não pode ser apenas um único desses anéis de corda. Esta é a maneira de apresentá-los em seu nó de cadeia, que, nela inteira, constitui o real do nó.

Lacan diz explicitamente: "o que fiz efetivamente, e nada mais [foi] seguir o rastro do real", e com isso se verifica que o real "consiste e [...] ex-siste apenas no nó" (S23, 64).

Ao real se teve acesso pela escrita: "[...] é por meio desses pedacinhos de escrita que, historicamente, entramos no real, a saber, que paramos de imaginar". O real se suporta, se "sustenta", se *materializa* — diria eu — com "a escrita das letrinhas matemáticas", que são as que aportam o real, e "a escrita pode ter sempre alguma coisa a ver com a maneira como escrevemos o nó" (S23, 66).

"[...] o real só tem ex-sistência ao encontrar, pelo simbólico e pelo imaginário, a retenção" (S23, 49) — digamos... o seu limite.

O nó é o real. O real é o nó. Se, como faz Lacan, articulamos o dizer com os nós — tal como ele havia abordado em "O aturdito", ver p. 70 —, o real do nó é um dizer.

Esse dizer próprio que Lacan almeja, em seu "ensino" — no duplo sentido do termo "ensinar" —, fazer ressoar com os nós.

Não é em vão que Lacan afirma que o real é seu sinthoma — e eu o escrevo com "h". Sinthoma que se distingue do sinthoma de Freud... do dizer de Freud, portanto.

Com seu axioma acerca da impossibilidade de escrever a proporção/relação sexual, Lacan se apresenta como explicitando o que seria o dizer de Freud: o que se pode ler em Freud.

Em contrapartida, o seu sinthoma (o sinthoma de Lacan), no dizer que se articula com o seu sinthoma (seu Um-dizer, como me parece que diria C. Soler), difere do de Freud.

O real ex-siste ao imaginário e ao simbólico na medida em que conjugados no sentido. E se ele é portador de um gozo — vimos que Lacan fala do "real do gozo" —, esse gozo é um gozo totalmente ex-sistente ao gozo do sentido.

Quanto à ex-sistência, ela se declina em sua variação. Cada anel aloja sua "zona" de existência. Cada um dos gozos, neste sentido, ex-siste aos outros dois.

E cada um dos campos do gozo fica excluído de uma das três di(z)menções do *parlêtre*. O gozo fálico está fora do corpo (I); o gozo no corpo, gozo do Outro barrado, está excluído da linguagem (S); e o gozo do sentido está excluído do Real. Temos de dar ao termo *ex-sistência* uma definição mais rigorosa se a atribuímos como propriedade específica do real? Por que atribuir a propriedade de ex-sistência especificamente ao Real, dado que a ex-sistência corresponde também ao simbólico e ao imaginário? Lacan mesmo se faz essa pergunta:

> Por que, então, coloco essa ex-sistência precisamente onde ela pode parecer mais paradoxal? Porque preciso mesmo distribuir esses três modos, e é justamente por ex-sistir que o pensamento do real é suposto. (S23, 49)

Somente porque o real é esse "estar fora" radical. Fora de toda articulação, inclusive fora de toda e qualquer "estrutura".

Fora, é claro, tanto do imaginário quanto do simbólico, somente se atinge, se "toca" algo desse real, nos limites mesmos da experiência de uma análise, que é uma "prática do sentido". A análise é uma prática de sentido, mas desse sentido que — como se expressa Lacan em "O aturdito" —, no limite, é *au-sentido* (*ab-sens*) porque concerne ao *au-sexo* (*ab-sexe*). O único sentido "real", se posso me expressar assim, é esse *au-sentido* que concerne ao *au-sexo*. Em "O aturdito", Lacan declarou isto claramente: é *au-sentido* porque é *au-sexo*.

■ ■ ■ ■ ■

Vejamos algumas aclarações no que concerne à consistência.

O que entendemos por consistência na topologia nodal? Essa consistência que é "a forma mais desprovida de sentido do que, entretanto, se imagina [...]" (S23, 63).

É preciso distinguir entre a consistência no sentido lógico — a que responde ao princípio de não contradição — e a consistência que encontramos em cada uma das três categorias: R, S e I.

Por outro lado, Lacan situa a "consistência" como a propriedade específica do imaginário e, portanto, ela tem uma relação com o corpo.

A consistência evoca, pois, algo da ordem de uma "forma". Na topologia nodal, a "consistência" é o que traça a borda de um furo; ela contém, por assim dizer, o furo... e não deixa de evocar, para nós, os furos corporais em torno dos quais a pulsão traça os seus percursos.

Nesse sentido, o corpo, por exemplo, é bem diferente de uma consistência que poderia ser concebida, segundo o senso comum, como algo pleno, como uma "saco cheio de órgãos".

> O espantoso é que a forma só libera o saco ou, se vocês quiserem, a bolha, pois é alguma coisa que infla. [...] Nem por isso um saco vazio permanece um saco, ou seja, isso que só é imaginável pela ex-sistência e pela consistência que o corpo tem, de ser pote. É preciso apreender essa ex-sistência e essa consistência como reais, posto que apreendê-las é o real. [...] O imaginário mostra aqui [neste ponto] sua homogeneidade com o real [...]" (S23, 19)

O corpo se distancia de uma teoria do "saco" (da bolsa, continente, conteúdo) para ser pensado como uma consistência que bordeja os furos.

A borda é necessária para que se possa localizar o furo... de maneira operatória, diria.

Inclusive é necessário — para poder traçar a singularidade desse "confinamento" do gozo que não é de todo fálico — esse além do limite fálico, se nos atemos à bipartição sexual dos gozos apresentada com as fórmulas da sexuação... esse "além" do gozo fálico intimamente enodado à palavra.

Sabemos que não há duas libidos, mas um dos gozos, o JΑ̸, o gozo do Outro barrado, faz com que *le dire s'abreuve de l'un qui ne s'étanche d'aucun univers*, parafraseando Lacan quando ele fala do não todo em "O aturdito". Como traduzir?

O dizer somente se nutre (*abreuver*, fazer beber abundantemente) do um, mas com isso ele não o detém (*étancher*: deter um *écoulement*), não consegue se saciar com nenhum universo, não se sustenta em nenhum Um universal. Poderíamos, mais perto da etimologia em francês, dizer: que o dizer bebe insaciavelmente de um Um que nunca se sacia com o Um de nenhum universal.

Daí o fato de que, sem dúvida, o dizer é "não todo", o que nos remete à total singularidade das soluções sinthomáticas de cada um, por mais que encontremos tipos clínicos possíveis.

Finalmente, isso "que ali se faz nessa cama: estreitar-se", abraçar-se, que Lacan se propunha a cingir no começo de *Mais, ainda* (S20, 11), que se encarna no corpo a corpo, põe em jogo este "metabolismo do gozo" nodal, o gozo que se declina em suas variações: gozo fálico, gozo do sentido, gozo do Ⱥ.

■ ■ ■ ■ ■

Carlos Bermejo, prolífico autor que trabalha com a topologia nodal e sua clínica (Ver: <www.carlosbermejo.net>) apresenta uns esquemas com diversas configurações que permitem visualizar as relações entre consistência, furo e existência.

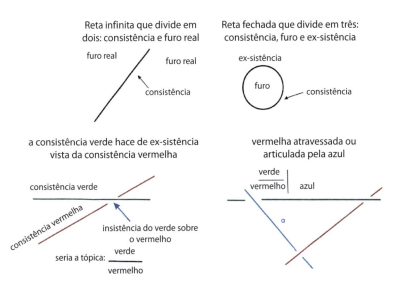

Figura 4.13: Esquemas de C. Bermejo para consistência, furo e existência.

■ ■ ■ ■ ■

Aproveito essas reflexões acerca do "aberto" da RI para assinalar duas ocasiões nas quais Lacan apresenta uma forma "aberta" do nó de três — uma consistência e três cruzamentos — em *O sinthoma* (S23), que nos ocupa nestas intervenções. Lacan apresenta esse nó "aberto" na p. 50.

Encontramos essas duas apresentações do nó de três aberto no capítulo "Do nó como suporte do sujeito"

Figura 4.14: Forma aberta do nó de três (S23, 50)

Primeiro ele apresenta o seu NBo3 que já nos é familiar, o NBo3 de seu ponto de partida para o enodamento R, S e

I. Ele designa ali os três campos do gozo: JΦ, gozo fálico; *jouisens*, gozo do sentido; e JA̸, gozo do Outro barrado.

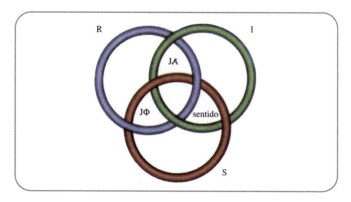

Figura 4.15: Os três campos centrais do esquema *RSI* (S23, 54)

Ele comenta o que quer dizer com "Gozo do Outro barrado" (JA̸), que já tratamos, mas que citamos literalmente agora:

> Esse A barrado quer dizer que não há Outro do Outro, que nada se opõe ao simbólico, lugar do Outro como tal. Por conseguinte, tampouco há gozo do Outro. JA̸, o gozo do Outro do Outro, não é possível pela simples razão de que não existe. (S23, 54)

Que o gozo do Outro não exista — dissemos isso em mais de uma ocasião e vamos repetir — não quer dizer que ele não se aloje na fantasia do neurótico, na medida em que percebe o Outro como um agente privador de gozo em seu proveito. E Lacan prossegue:

> Logo, daí resulta que restam apenas os dois outros termos. Há, por um lado, o sentido, que se produz na articulação do campo planificado do círculo do simbólico com o círculo do imaginário. Há, por outro lado, o gozo dito do falo, na medida em que ele sai da relação do simbólico com o real. (S23, 54)

Na sequência, Lacan esclarece algo que possui um valor clínico fundamental: "O gozo dito fálico não é certamente, em si mesmo, o gozo peniano" (S23, 54). Esclarecimento fundamental. O gozo fálico, "fora do corpo", sempre implica a referência à linguagem e ex-siste ao imaginário. O gozo peniano, que é gozo "no corpo", é fora da linguagem.

Um trabalho recente de colegas argentinos dá ênfase a essa diferença, examinando-a clinicamente (ver Juan Carlos Indart et al., *Sinthome e imagen corporal, En torno a casos clínicos* [Grama, 2018]).

Podemos identificar um exemplo do "gozo peniano" na experiência traumática do orgasmo do Pequeno Hans; traumática precisamente por produzir algo "em seu corpo", fora do sentido e de toda palavra, poderíamos dizer...

Lacan esclarece que esse gozo peniano

> [...] advém a propósito do imaginário, isto é, do gozo do duplo, da imagem especular, do gozo do corpo. Ele constitui propriamente os diferentes objetos que ocupam as hiâncias das quais o corpo é o suporte imaginário. (S23, 55)

Em contrapartida,

> o gozo fálico [...] situa-se na conjunção do simbólico com o real. Isso na medida em que, no sujeito que se sustenta no *parlêtre*, que é o que designo como sendo o inconsciente, há a capacidade de conjugar a fala e o que concerne a um certo gozo, aquele dito fálico, experimentado como parasitário, devido a essa própria fala, devido ao *parlêtre*. (S23, 55)

Salientamos, de passagem, que aqui o inconsciente é adjudicado a esse "sujeito que se sustenta no *parlêtre*", o sujeito enquanto *parlêtre*, isto é, enquanto localizado a partir do esquematismo R, S e I e suas diversas formas de enodamento/desenodamento.

Não é uma referência que se limite, pois, ao "sujeito do inconsciente" enquanto sujeito de representação — de um significante para outro significante —: esse sujeito cujo estatuto, como vimos, não pode ser outro que não o de uma suposição.

Trata-se aqui de "sujeito" enquanto sustentado pelas três dimensões R, S e I do sujeito nodal, se me permitem a expressão, que Lacan batiza como *parlêtre*.

Justamente se trata de dar uma nova perspectiva ao conceito de "sujeito", que, como o próprio termo indica, subjaz "embaixo da", "está sujeito à" representação — e, enquanto tal, é apenas suposto. O *"parlêtre"* dá ênfase ao suporte real do nó como forma da "subjetividade", como já salientei... passagem, portanto, para uma concepção "materialista" da subjetividade.

Lacan apresenta então o nó aberto. O "aberto"... ao infinito é precisamente esse campo do JA que, no meu entender, permite deixar não delimitado, não traçado, a borda do furo, já que se deixam abertos os extremos do nó, que somente se fecham no infinito:

Figura 4.16: Esquema do nó de trevo com *a* e sentido/gozo (S23, 55)

E ele aclara que inscreve o gozo fálico como "contrapeso" ao sentido. O gozo fálico no outro pratinho da balança do gozo.

E uma aclaração fundamental: ele salienta que esse é o lugar do que designamos como "poder". O gozo fálico é homogêneo ao poder, ao seu exercício, ao gozo do poder, e muito especificamente ao gozo do exercício da palavra e seu poder... que não se confunde com o dizer!

Em resumo, com essas formas abertas de um nó de três, Lacan deixa em suspenso o campo que corresponde ao gozo do Outro barrado (JA). E ele afirma, repito, que "tampouco há gozo do Outro. JA, o gozo do Outro do Outro, não é possível pela simples razão de que não existe"; "daí resulta que restam apenas os dois outros termos": o gozo fálico e o sentido... (S23, 54).

Esse "campo aberto" do gozo do Outro barrado, no meu entender, não apenas indica a inexistência do Outro do Outro, mas também o campo onde "fenomenologicamente" se inscrevem as manifestações afetivas enigmáticas desse gozo Outro que não o gozo fálico — o gozo que, nas fórmulas da sexuação, Lacan atribui ao lado "feminino".

Gozo do abismo aberto no Outro, do abismo do Outro; gozo do Outro enquanto abismal, que não se confunde em absoluto com o gozo do Outro do paranoico (gozo do Outro sem barrar) — que, muito pelo contrário, outorga uma consistência à existência do Outro —, nem com a suposição neurótica de um gozo de um outro fantasístico (pai, mulher).

■ ■ ■ ■ ■

Torno a recordar que, precisamente ali (em JA, Lacan localiza o "verdadeiro furo" da estrutura (ver p. 54). E daí posso induzir a seguinte leitura: o furo verdadeiro é um furo "aberto", para cuja escrita é ótimo o recurso à reta infinita, ou a uma corda cujas extremidades não se fecham em círculo. Com isso podemos recordar a alusão de Lacan que evoca uma associação entre o círculo e o masculino, por um lado; e, por outro, entre a trança — que recorre à RI — e o feminino.

Será essa a grande "imprudência" de Lacan, ao passo que R. Thomé e P. Soury não recorrem à reta infinita porque são prudentes?

Essas evocações acerca do Outro barrado (A) devem nos lembrar que o Outro já não é, nesse contexto, o Outro da linguagem, visto que está situado no lugar do corpo, gozo no corpo.

Por um lado, o corpo está esvaziado de gozo (deserto de gozo) pela operação da linguagem. Por outro, para gozar é necessário o corpo. Ele não se refere, é evidente, nem ao corpo como imagem especular, nem ao A como lugar do Outro da linguagem.

Evoquemos uma citação do seminário *O objeto da psicanálise* (S13) de que MB nos lembra: "Gozo: a um corpo somente corresponde gozar ou não gozar, ao menos é essa a definição que vamos dar do gozo".

Podemos então falar em "real" do corpo como aquela dimensão em que "*se jouit*" (algo se goza), que deve ser distinguida do gozo fálico enquanto gozo dos semas — como se expressa MB —, gozo fora do corpo, gozo semântico. Que o corpo é agora o corpo enquanto suporte de um gozo, isso se afirma claramente, por exemplo, em *Les non dupes...* (S21). Ali Lacan se interroga: O que é o corpo? O que é a vida? Por acaso a bactéria goza quando se dedica a infectar?

Retomamos — não literalmente — algumas precisões de MB acerca do tema. Diferentemente de Freud, Lacan não associa a pulsão de morte como algo já presente na reprodução da vida, ainda que, como Freud, ele também evoque a biologia. Em Lacan há uma separação entre o gozo e a pulsão de morte. A morte, como vimos claramente no nó de "A terceira", está localizada no furo do simbólico, ao passo que a vida está localizada no furo do real.

O que dizer do gozo da morte? Que Lacan, em *Les non dupes...* (S21), a coloca a cargo do masoquismo primário freudiano (ver aqui mesmo a primeira intervenção sobre "o amor borromeano"), que sem dúvida se distingue do gozo da vida em Lacan.

O que dizer, então, desta pergunta acerca do eventual gozo da bactéria? A bactéria é uma forma primária da vida e não tem a consistência de um corpo; ela precede ao corpo, portanto, e à sua substância gozante. A bactéria, por conseguinte, não gozaria...

Mas seria possível falar num princípio de gozo que governasse outras formas de vida? Inclusive a vida vegetal? A planta goza?

Recordemos que Lacan fala dos "lírios do campo" para afirmar, contrariamente ao Evangelho (São Mateus, 6:28-29, segundo referência mencionada por MB), que eles "tecem" e "fiam", com o que se poderia afirmar que há um saber no real do lírio "que goza de tecer e filar"...

Mas o mais real é a vida... Essa noção de "vida" que não deixa de ser um mistério.

A biologia tenta desvelar esse mistério. Mas é possível afirmar que "a vida se goza sem saber nada desse gozo"?

Não podemos esperar uma resposta do lado da biologia, que se coloca nem um pouco essa questão do gozo! Com isso, postular um "gozo da vida" não passa de uma conjectura.

Em todo caso, está claro que, com essas aproximações, o Outro mudou de sinal e já não se trata do Outro como "deserto de gozo". Agora não se dá ênfase à separação entre a linguagem e a "carne", entre a linguagem e o gozo... essa linguagem que transforma o Outro da linguagem em deserto de gozo. Que agora não se enfatize essa separação é algo que nem por isso a deixa menos operante.

Agora, e já claramente a partir de *Mais, ainda* (S20), a linguagem não é abordada como dissociada do gozo, mas sim, muito pelo contrário, como "aparelho de gozo".

Lacan então dá ênfase a outra operatividade da linguagem, outra operatividade que não a sua função de "redução" de gozo, limitação do gozo que desconstrói toda evocação de um "agente privador" de gozo outro que não a linguagem: nem ação do pai, da mãe, de deus ou do diabo... O campo do "além do Édipo", explícito em *O avesso da psicanálise* (S17), encontra aqui a sua operatividade.

Em resumo, o gozo no singular — gosto de dizer assim — é o gozo que não existe. Seria esse gozo que haveria caso não houvesse a linguagem. Um gozo que não "faltasse", que não falhasse. É possível postular a sua existência, então, lá onde a linguagem não opera? Caso se postulasse tal existência, seria preciso aclarar que nada poderíamos saber desse gozo, ainda que possamos escrever algo com o apoio da topologia nodal.

O "real do gozo" a que temos acesso a partir da prática analítica é um real excluído do sentido, mas não pode ser abordado sem passar pela linguagem. Ele está fora da linguagem, mas pode ser abordado a partir de uma experiência, uma prática que opera com a linguagem e que se depara com esse real em seus limites.

A pluralização dos gozos introduzidos com o nó borromeano é uma restrição ao gozo no singular, que dá ênfase à "falta de gozo". Falta de gozo que é "para todos", diferentemente do "metabolismo dos gozos" positivo, como solução singular para cada um.

Se esse gozo (no singular) não falhasse, o Outro teria uma consistência e poderíamos falar em um "gozo da existência".

Acaso Lacan aponta para ele com a sua expressão enigmática, ao que me parece, do "real do gozo"? Muitas perguntas ficam em aberto!

■ ■ ■ ■ ■

A escrita nodal permite avançar em cingir melhor a estrutura do inconsciente. Lacan mantém até o fim a sua tese do inconsciente estruturado como uma linguagem. Em "O aturdito", incita-nos a não esquecer que ele disse "como" e "uma" linguagem; não disse "pela" linguagem...

Ver, quanto a esse ponto, o livro de Colette Soler, *O inconsciente reinventado*: Lacan, em seu último ensino, dá ênfase à dimensão "real" do inconsciente, sem que nos esqueçamos de que ele nunca recusou a sua dimensão imaginária e simbólica.

Lacan fala explicitamente da face real do inconsciente, em **10 de janeiro de 1979**, no seu seminário *O momento de concluir* (S25), como nos lembra MB.

A dimensão "real" do inconsciente nos confronta a um inconsciente já não abordado como "cadeias de significantes". Vale lembrar que, em "Pré-história do nó", havíamos ilustrado como, num primeiro momento (S19 e S20), Lacan havia utilizado o método nodal de sua escrita para aplicá-lo à "cadeia significante" — concatenação significante —, e que foi só a partir de *Les non dupes...* (S21) que ele a referiu ao nó enquanto tal, ao nó RSI (ver *Passo a passo 1*, p. 45-ss).

A decifração das formações do inconsciente ressalta a concepção do inconsciente como cadeia de significantes; mas, por fim, Lacan afirma o seguinte: não há cadeia no inconsciente, há apenas enxame de S_1: S_1 mais S_1 mais S_1... situados em vizinhança, mas não articulados entre si. Lembremos da data fundamental de **11 de dezembro de 1973**, quando Lacan precisa este ponto e faz o que se pode chamar de "uma autocrítica explícita" (ver *Passo a passo 1*, p. 56).

Em nosso *Passo a passo 3*, teremos oportunidade de examinar de que maneira, no seminário seguinte (S24), Lacan volta, por assim dizer, a batizar o inconsciente chamando-o de "*l'Une bévue*", brincando com uma transliteração entre o alemão *Unbewusst* e o francês *L'une bévue*.

Nesse ponto surge uma questão que me parece valer a pena colocar em debate. Há cadeia somente pela via da decifração das formações do inconsciente? Ou se podem postular estratos no inconsciente e postular que há, também ali, cadeias já formadas?

Parece-me que a primeira pergunta é respondida com uma afirmativa no enfoque de C. Soler — ao menos segundo a minha leitura de seu texto *O inconsciente reinventado*. Em contrapartida, FS responderia afirmativamente à segunda, sugerindo que haveria algo como dois estratos do inconsciente; e ele fala de "pontes" entre um e outro estrato do inconsciente. Temos aqui, sem dúvida, um tema de debate.

Em todo caso, o inconsciente *Arbeit*, esse inconsciente trabalhador, esse trabalhador ideal que nunca tira folga, e que trabalha indefinidamente para a produção de um gozo, trabalha com os S_1 de *lalíngua* — e, nesse sentido, é preciso privilegiar a sua vertente real, enquanto enxame, e não a sua vertente simbólica, enquanto produtora de sentido a partir da concatenação significante.

A vertente do inconsciente que faz roda com o SintHoma — como apresentamos em diversas ocasiões —, formando o furo falso do inconsciente alimentando o sentido, deverá se romper com um uso adequado da interpretação, para assim conseguir detê-la. Isso porque, enquanto continuar girando, ele é um obstáculo para o desfecho do processo analítico orientado para o núcleo real do *parlêtre*.

Estou me adiantando um pouco. Essa questão aparece dentro do marco da escrita do nó borromeano generalizado. Esse nó supõe, com efeito:

- Conseguir com que R e SintHoma (Σ) venham, em um NBo4, no lugar central, onde inicialmente tínhamos o acoplamento de S com Σ (ver p. 131).
- Colocar estas duas consistências, R e Σ, em continuidade, mediante cortes e emendas, passando assim de um nó com quatro a um nó com três.
- Possibilidade de aplicar a regra da homotopia, que é uma regra de escrita (trocam-se os cruzamentos por cima por cruzamentos por baixo, e vice-versa) que permite enodamento/desenodamento deste "novo nó de três". Aclaramos: não se trata do nó de partida de Lacan, o NBo3 com o qual aprendemos a nos familiarizar já desde o começo de nosso *Passo a passo* — aquele que identifiquei como "nó ideal" de Lacan em seus primórdios com o método nodal.

Com este nó borromeano generalizado se "escreve" um corte. Corte que não requer o uso de tesoura alguma, pois ele é o resultado da aplicação dessa regra de escrita chamada "homotopia".

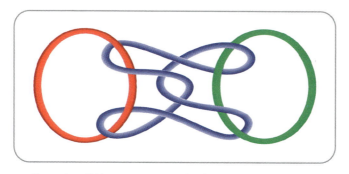

Figura 4.17: Nó borromeano generalizado (colorido por J. Chapuis).

Em nosso *Passo a passo 3*, teremos de abordar esse nó borromeano "generalizado" e examinar que partido será possível extrair dele.

■ ■ ■ ■ ■

Deixamos para o próximo encontro do mês de maio a diversidade de temas abordados num prolongado debate com o público.

5. Estados do nó de Joyce e muito mais...

Maio de 2018

"Não cremos no objeto".
Metabolismo dos gozos.
Joyce: os três estados de seu nó.
Heresia e boa lógica.
Invenção ou criação? Nó do passe.
Debate: topologia e clínica.
Resistências ao método nodal.
Efeitos da palavra.
Efeitos do dizer.

Antes de abordar os *três estados* do nó de Joyce que constituem o *osso* do seminário *O sinthoma* (S23), retomo de maneira condensada os temas que deram azo a um amplo debate em nosso encontro de abril.

Tem cabimento falar num "real do gozo"? Talvez.

Não estou segura de como concebê-lo fora de sua necessária articulação, seja com o Imaginário (gozo do Outro barrado J$\cancel{A}$), seja com o Simbólico, via gozo fálico ou via gozo da letra.

Quero dizer que somente seria operativo falar de um núcleo de "real de gozo": um núcleo real de gozo nessas duas manifestações de gozo.

Muitas vezes se fala do real como um real do "vivente". Com efeito, Lacan situa no furo da consistência do Real o termo "vida".

Mas o que se pode dizer do vivo?

Com as fórmulas da sexuação tínhamos uma apresentação bipartida do gozo: fálico e não todo fálico... apresentados a partir da lógica. Com a escrita nodal, Lacan escreve o "campo lacaniano" do gozo — para retomar uma expressão de seu seminário *O avesso da psicanálise* (S17) — numa versão tripartida... ainda que o gozo do Outro barrado (J$\bar{\text{A}}$) nos confronte com uma não existência: a do Outro do Outro.

O que dizer do gozo pulsional, do gozo a-sexuado vinculado aos objetos pulsionais na escrita borromeana? O "*a*" que figura no NBo3 como ponto/vacúolo é o "*a*" como objeto causa de desejo, o que Lacan vincula claramente, em sua primeira referência ao nó, com esta fórmula do amor expressa na frase "Peço-te que recuses o que te ofereço [...] porque não é isso" (S19, 79). O "*a*" remete a este "não é isso": nunca é isso, o gozo alcançado nunca é o esperado...

O gozo a-sexuado, pulsional, apresenta-se em seu duplo aspecto: gozo assentado nos orifícios do corpo e gozo na busca de objetos fora do corpo — objetos mais-gozar com seus múltiplos avatares.

Objetos mais-gozar articulados com a cadeia significante das demandas. Lacan havia esclarecido: o catálogo dos objetos pulsionais pôde ser estabelecido a partir do que está articulado nas demandas.

Recordemos, por outro lado, que o NBo3, em sua apresentação "circular", permite a leitura do objeto "*a*" como objeto causa de desejo... mas não está claro como lê-lo em um nó borromeano de mais de três consistências... Quanto ao NBo3 em sua forma estirada, ela tampouco permite a leitura do lugar do "*a*" como objeto causa do desejo.

Será preciso verificar; de todo modo, creio que Lacan só anota o "*a*" na versão do NBo3 circular e na forma aberta do nó de três (como vimos em abril, *Fig. 4.16*, p. 124).

Esse objeto "*a*", que Lacan inscreve no centro, ponto vacúolo do NBo3, é o objeto como causa do desejo.

Não se trata dos objetos "*a*" mais-gozar em sua variedade oferecida pela sociedade de consumo, pela via de seus "*gadgets*".

Tampouco se trata dos objetos pulsionais — por assim dizer "naturais", vinculados às hiâncias corporais —; objetos em torno dos quais sempre giram, de maneira fracassada, as pulsões.

O "*a*" que pode ser lido no vacúolo do NBo3 é objeto causa do desejo, não é objeto de gozo.

De fato, com o enodamento RSI, o objeto "*a*" muda de estatuto e, como expressa MB, já não consiste como superfície, mas ex-siste como ponto de arrinconamento do nó. O fato é que também o sintoma (o SintHoma, eu diria) prevalece sobre a fantasia para responder pelo final da análise.

■ ■ ■ ■ ■

Essas reflexões são uma boa oportunidade para dar ênfase a algumas das citações do seminário *O sinthoma* (S23) referidas ao objeto. Elas nos lembram que o alcance do objeto do desejo é sempre falho... fracassado; e que a pulsão, em sua repetição, não faz mais que voltar a produzir, repetidas vezes, essa falha de estrutura do objeto desde sempre perdido, "irrecuperável para sempre", como expressava Lacan em seu seminário *A angústia* (S10, 237).

O desejo é "causado" por uma falta, não por uma positividade. A causa do desejo é uma falta e, diria, uma causa não substancial. Não se deve confundir, portanto, a "causa" do desejo com aqueles objetos para os quais se aponta numa vontade de satisfação.

As citações de *O sinthoma* (S23, 36-37) me parecem, nesse sentido, bem-vindas:

> Não se crê mais no objeto como tal. Por isso, nego que o objeto possa ser apreendido por algum órgão. [...] Não cremos no objeto, mas constatamos o desejo e, dessa constatação do desejo, induzimos a causa como objetivada.

Nega-se que o objeto possa ser captado como tal.

Isso deve ser lido no contexto de sua polêmica com N. Chomsky, que acreditaria que a linguagem é um órgão/instrumento que nos permite a captação dos objetos do mundo.

Para Lacan — isso tem valor de axioma em nossa teoria —, a linguagem causa essa ruptura do ser falante com a "natureza", às vezes concebida como uma espécie de "real ingênuo", a partir de uma concepção "empirista" hoje dominante.

Bem sabemos: a psicanálise permitiu cingir que a causa do desejo, o fato do "desejar" para o humano, para o *parlêtre*, sustenta-se numa "falta", numa "carência". Deseja-se porque algo "falta", mas não há objeto que lhe corresponda, que se ajuste a uma total satisfação do desejo.

Daí a seguinte expressão de Lacan, que aprecio: "não acreditamos no objeto [...]", só acreditamos no objeto como faltante e causador de desejo...

Se a linguagem introduz essa falta estrutural, se isso é válido "para todos" —como diria o nosso universal abstrato —, no entanto é singular para cada um a maneira como se vai fazer — ou não — com essa falta.

A escrita nodal retomará a questão do gozo sexual, o gozo do corpo a corpo —o que se faz numa cama, como ele se expressa no seminário *Mais, ainda* (S20) —, que está no nível do sinthoma.

Não havendo relação sexual que se possa escrever, o vínculo sexual é uma relação necessariamente sinthomática (SintHoma-ele e SintHoma-ela)... O vínculo pode, portanto, ser "lido" no nível do sinthoma que permite, por outro lado, abordar o "metabolismo do gozo" em seu conjunto: repartição entre os três gozos.

O "metabolismo do gozo" inclui, portanto, essa dimensão do "real do gozo" que mencionamos previamente, mas que só é abordável de maneira operatória na medida em que articulado ao imaginário e ao simbólico.

O "campo lacaniano" do gozo varia e se distribui, então, conforme uma ou outra forma de enodamento.

■ ■ ■ ■ ■

Agora vou abordar os "três estados" do nó em Joyce.

Repito: todo o S23 aponta para ilustrar como James Joyce fez para mantê-lo adequadamente enodado — inclusive de maneira borromeana, afirmará Lacan — apesar da "forclusão de fato" do pai.

A análise do caso de Joyce oferece evidências para a aposta de Lacan: ir além do Édipo, com a abordagem de soluções "SintHomáticas" diversas das obtidas a partir do SintHoma-pai.

O que lhe permitirá concluir que, se temos de nos haver com o pai, bem poderíamos prescindir dele. É o que acontece com Joyce, que, com a sua arte-dizer, teria conseguido "prescindir do pai".

Insisto em recomendar o livro de C. Soler cuja leitura apreciei muito. Ele é imprescindível para acompanhar o "caso Joyce" tal como Lacan o examina.

■ ■ ■ ■ ■

Em primeiro lugar, declino os "três estados do nó joyciano".

1) O nó que corresponde a um desencadeamento, a um desenodamento. Cadeia-nó na qual temos um enlace entre R e S, e na qual I fica solto (S23,148). Lacan o deduz a partir do episódio da "surra". Nó que ilustra como é que, para Joyce, o simbólico e o real estão "enlaçados", ele é frequentemente apresentado como o nó da esquizofrenia (ver *Passo a passo 1*, p. 56).

Comentário de J. Chapuis: Se na sessão final do S23 (em **11 de maio 1976**) Lacan propõe os três estados do enodamento de Joyce, ele havia previamente formulado outra hipótese. Quando se pergunta se "Joyce era louco?" (**10 de fevereiro de 1976**), começa a investigar o nó de trevo produzido pela continuidade dos três registros de um NBo3 e diz expressamente "[...] toda essa tagarelice para me orientar a respeito do fato de se Joyce era, ou não, louco" (S23, 85, trad. modificada). E aqui propõe "considerar o caso de Joyce como respondendo a um modo de suprir um desenodamento do nó" (S23, 85), mas desenodamento de um de trevo! Em seguida, encontra a possível reparação com um "fecho" ("seu desejo de ser artista") no cruzamento fracassado do de trevo. A pista do relato da famosa "surra" que Joyce apresenta em *Um retrato do artista quando jovem* — citada na sessão final do S23 — leva-o a descartar o de trevo para Joyce e propor um desprendimento do Imaginário (corpo) por um único lapso, mas já no NBo3; e então, a aplicar o ego reparador — como ele havia suposto antes para o de trevo — a partir de uma cadeia NBo3 desenodada, justamente no ponto preciso em que se produziu o único lapso.

2) O nó reparado no lugar do lapso, com uma consistência "a mais", que volta a enodar o imaginário que havia ficado solto. Lacan o apresenta em sua última intervenção de *O sinthoma*, em **11 de maio de 1976**, identificandoo como "O ego que corrige" (S23, 148).

3) O nó que Lacan apresenta, também em **11 de maio de 1976**, como "Reconstituição do nó borromeano" (S23, 151).

Examinarei, em seguida, esses "três estados" do nó joyciano.

Para isso, a colaboração com Jorge Chapuis me foi particularmente bem-vinda, sobretudo para a abordagem da apresentação do terceiro estado do nó joyciano: ele é, ou não, um nó borromeano?

Não deixaremos de recorrer ao vínculo trança/nó na apresentação dos três estados. As relações entre as tranças e os nós são abordadas em mais de uma ocasião neste *Passo a passo 2* (ver p. 35, 58, 76, entre outros).

■ ■ ■ ■ ■

Mas antes de me ocupar dos "três estados" do nó em Joyce, retorno a algumas considerações gerais importantes, ainda que já tenha mencionado algumas delas.

Como dissemos, o S23 é um seminário de busca, de investigação; ele tem em seu centro a pergunta: Joyce era louco? — título do Capítulo V (S23, 75-ss).

"A partir de quando se é louco?" (S23, 75), se indaga Lacan. Sendo essa a pergunta que o teria impulsionado a se inspirar em "Escritos inspirados: esquizografia" (1931), não é surpreendente que ele tenha se interessado muito cedo pela obra de Joyce e, mais tarde, tenha retornado à literatura joyciana para uma reflexão acerca da sua "lógica de vida" — dessa vez induzido, em grande parte, por Jacques Aubert.

Lacan se interroga a respeito da distinção entre o verdadeiro e o real. Ele afirma que o "gozo do real" — como dissemos — pode se relacionar com o masoquismo, que é o máximo que obtemos como algo do gozo do real.

Ao distinguir o verdadeiro do real, ele se pergunta: "O que é o verdadeiro, senão o verdadeiro real? E como distinguir o verdadeiro real do falso [...]", e sugere o termo *echt* de Heidegger, que pode remeter a algo como uma "autenticidade". E acrescenta: "Nesse pedacinho sobre o *echt*, ele confessa, de certa forma, seu fracasso" (S23, 83).

Este *echt* está, para Lacan, do lado do real. Ponto em que, precisamente, Heidegger falha. Se, para nós, o termo "autenticidade" possui um sentido, então ele estaria apenas na relação do *parlêtre* com o seu nó enquanto real.

Mas o real só se localiza a partir dos imbróglios do verdadeiro.

■ ■ ■ ■ ■

Como expliquei, não vou me deter demasiadamente na análise dos dados biográficos, nem na análise literária de

Joyce. Deixo isso nas mãos, entre outras leituras, principalmente do livro de C. Soler já mencionado.

Em todo caso, no S23, diante da pergunta "Joyce era louco?", Lacan nunca diagnostica uma psicose... porque Joyce teria conseguido, por fim, subjetivizar-se de maneira borromeana... e isso apesar da "forclusão de fato". Forclusão que se *lê* nas diversas formas de seu *Nego* decidido (ver o desenvolvimento de C. Soler): recusa de sua religião, de seu país, de sua família, da literatura vigente... e inclusive, ponto fundamental, de sua própria língua.

Não me detenho, repito, na análise do "caso" Joyce. Há muito mais no S23 do que vocês podem encontrar aqui!

Joyce teria conseguido uma borromeização, um NBo4, fazendo uso — sem saber, é claro —, partindo de uma "boa lógica" e com um árduo trabalho. Trabalho que pode ser rastreado em distintos momentos de sua obra literária.

> Joyce não sabia que ele estava construindo o *sinthoma* [...] Isso era inconsciente para ele. Por isso, ele é um puro artífice, um homem de traquejo, o que é igualmente chamado de um artista. (S23, 114)

Joyce conseguiu "prescindir" do pai, fazer sem o pai que nomeia, por força de um árduo trabalho de escrita, do qual ele tinha orgulho: o seu *"art-gueil"* (brincando com *"orgueuil"*, que em francês significa "orgulho").

Se podemos afirmar que, para o neurótico, o NBo4 se forma desde a infância a partir dos dizeres parentais, para Joyce, no entanto, conseguir uma borromeização é fruto de um trabalho, um longo trabalho.

Lacan, como dissemos, atribui a Joyce o fato de ter seguido o caminho recorrendo a uma "boa lógica"; precisamente aquela que não seria a da "turma" de Freud, que ficou aderida à solução edípica, que deve ser qualificada — afirma Lacan — como uma solução religiosa.

Joyce não segue a via da religião recorrendo ao pai, por isso é um "herege", como qualifica Lacan. E ele afirma:

[...] é um fato que Joyce faz uma escolha e, nisso, como eu, é um herege. Pois *haeresis* é precisamente o que faz a especificidade do herege. É preciso escolher a via por onde apreender a verdade. (S23, 16)

E acrescenta: "[...] a escolha, uma vez feita, não impede ninguém de submetê-la à confirmação [a uma prova, ainda que não a uma demonstração], ou seja, de ser herege de uma boa maneira" (S23, 16).

O que se espera de uma psicanálise é algo assim: que se possa prescindir do pai. Mas... isso não significa que a pessoa não possa se servir dele!

Joyce não se "beneficiou" da transmissão "paterna" — digamos... como todo bom neurótico —; para todos os efeitos, ele a recusou. Como bem precisa Colette Soler, isso se deduz de sua "lógica de vida" e dessa clara recusa (o *Nego* já mencionado) ao Nome-do-Pai, o qual lhe teria permitido subjetivizar-se de maneira borromeana ao estilo neurótico.

Sua "arte-dizer" é algo que está o mais apartado possível de uma literatura "legível", e essa invocação a uma "arte-dizer" pode ilustrar que o dizer enoda!

Joyce opõe um *Nego* — uma recusa — decidido, inclusive a toda a literatura.

Daí que também se tenha formulado com frequência a pergunta sobre o destino da literatura depois de Joyce. Em todo caso, não se pode dizer que ele tenha colocado um ponto final na Literatura.

Porque, apesar disso, ele não impediu que se seguisse fazendo literatura de "ficção"... O real, esse fiapo de real, alcançado pela "arte-dizer" de Joyce, não impediu, é claro, o retorno às ficções que nada querem saber do real.

No caso de Joyce, que consegue subjetivizar-se de maneira borromeana, falaríamos de invenção ou de criação? Conviria mais falar em "criação" porque, diferentemente da "invenção" neurótica, o SintHoma se constrói a partir do nada; de nada, em todo caso, da ordem do sinthoma-pai proveniente de uma transmissão.

Podemos tomar uma "invenção" como algo que surge a partir de coisas antecedentes, de uma transmissão, ao passo que a criação emerge *ex nihilo*. Dado que Joyce carece do sinthoma-pai, estaríamos mais diante de algo da ordem de uma criação, diferentemente do neurótico que "inventa" para si o seu nó a partir do sinthoma-pai transmitido — e acatado — na infância.

Como entender que cada analista seja incitado — tal como afirma Lacan —, a cada vez, a inventar a psicanálise?

Como entender essa "invenção", a não ser a partir da possibilidade de que cada um volte a "enodar-se" numa análise de uma maneira diferente de como estava antes? Em que medida o seu desejo de analista poderia se sustentar na particularidade ou, melhor dizendo, na singularidade de seu SintHoma?

A verificação, com o "caso" Joyce, da possibilidade — poderia, então, não ter acontecido — de uma borremeização sem o recurso ao sinthoma-pai permite, por sua vez, ampliar o campo da neurose.

Com efeito, o nó da neurose pode — é o que se espera de uma análise — ser modificado no nível do SintHoma, do nó enquanto real.

Modificação do SintHoma, portanto, onde podemos situar um determinado grau de liberdade da subjetividade.

Em contrapartida — como sabemos — no do sintoma (sem "h") nos deparamos com um núcleo incurável, imodificável do gozo... sobre o qual somente podemos esperar, a partir de uma análise, uma redução de seu efeito patológico; redução que não se obteria sem certa desvalorização desse gozo, desse gozo sintomático (sem "h").

■ ■ ■ ■ ■

Sem mais delongas, passo a examinar os "três estados do nó" de Joyce.

I. PRIMEIRO ESTADO

Este primeiro estado do nó de Joyce teria se produzido num momento de desencadeamento que Lacan "lê" no episódio bem conhecido da surra.

Lacan apresenta esta forma do nó (S23, 147) e analisa esse episódio como momento em que algo "desliza" e à consistência do Imaginário "só resta cair fora" (S20, 147).

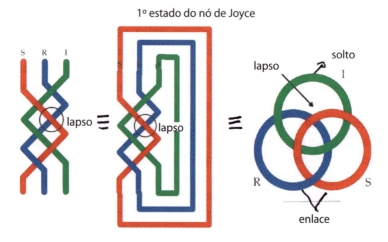

Figura 5.1: Trança, seu fechamento e o nó em que I fica livre. (FS*Sth*, 249).

O sintoma das "falas impostas" é o que pode ser escrito no enlace entre as consistências do Real e do Simbólico.

O lapso — como se pode ler na trança — situa-se num dos pontos de cruzamento entre o simbólico e o real. O simbólico passa por cima do real num dos pontos do trançado, quando deveria passar por baixo.

Esse lapso joyciano ilustra a liberação do Imaginário (I: verde) e, por outro lado, a existência de um enlace entre o Simbólico (S: vermelho) e o Real (R: azul). Fechando as extremidades das cordas dessa trança, obtemos o primeiro estado do nó joyciano com seu lapso.

O enlace entre real e simbólico é atestado — deduzido? — pelo sintoma (sem "h") joyciano das "falas impostas".

Lacan afirma que

> [...] todas as suas epifanias são caracterizadas sempre pela mesma coisa, que é, de modo muito preciso, a consequência resultante do erro no nó, a saber, que o inconsciente está ligado [enlaçado, dizemos] ao real. Coisa fantástica, o próprio Joyce não diz outra coisa. É totalmente legível em Joyce que a epifania é o que faz com que, graças à falha [lapso de cruzamento], inconsciente e real se enodem. (S23, 151, comentários meus entre colchetes).

O lapso, o erro do nó fica refletido em sua escrita pelas chamadas "epifanias". O próprio Joyce propõe uma teoria sobre o que é uma epifania, inspirando-se, em parte, em São Tomás: trata-se de um fenômeno de *"claritas"* que faria aparecer, pela via de uma espécie de suposto "terceiro olho", as coisas em sua essência única.

Essas epifanias — C. Soler aclara — são, na realidade, de dois tipos. Algumas são propriamente epifanias, carentes de todo e qualquer sentido; carentes de algum contexto que lhes pudesse supor um sentido, ainda que enigmático. É o caso da epifania *Villanelle of the Temptress*, referida por C. Soler (*Lacan leitor de Joyce*, p. 153). Outras, no entanto, são como *fotografias*, cenas isoladas, mas não fora do sentido. Colette Soler se refere, por exemplo, às epifanias 20 e 28 (*ibid.*, p. 151).

O "tempo das epifanias" é testemunha, então, do sintoma (sem "h") das "falas impostas", do enlace entre R e S: lugar de um "gozo do real".

■ ■ ■ ■ ■

II. SEGUNDO ESTADO do nó joyciano

Isolei como "segundo estado" do nó joyciano aquele que corresponde ao nó que Lacan chama de "nó do ego reparador": o lapso se corrige com o recurso a uma quarta consistência, com forma de círculo no diagrama, que Lacan localiza como "ego" (colorida em preto).

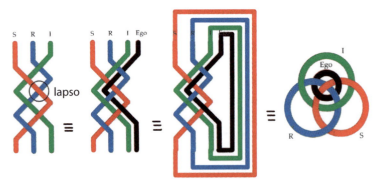

Figura 5.2: Ego reparador. Trança com o quarto fio reparador e nó resultante (imagens de FS). Acrescentado o fechamento da trança (J. Chapuis)

A apresentação em forma de trança contará, então, com quatro fios. O quarto fio, o do "ego" que corrige, é uma quarta consistência que cumpre a função de SintHoma (em preto). O "ego que corrige" repara o lapso do primeiro estado do nó.

Ele assegura um enodamento que volta, por assim dizer, a enganchar o imaginário (verde) que havia ficado livre no primeiro estado do nó. Com esse tipo de enodamento, o "sintoma" das falas impostas não cessa necessariamente, pois o enlace R com S permanece.

Não se trata — como dissemos mais de uma vez — de um nó borromeano verdadeiro, pois ele não cumpre com a propriedade básica: todos devem se soltar caso se rompa qualquer um dos anéis. Com efeito, ao cortar o ego que corrige, isso não impede que R e S permaneçam enlaçados.

Temos agora — como se pode observar na *Fig. 5.2* — uma trança de quatro fios. Acrescentou-se o fio (cor preta) do "Ego reparador" em sua função "SintHomática" de enodamento: ele volta a enganchar o Imaginário, mas sem por isso desfazer o enlace entre Real e Simbólico.

Sem dúvida, e como lembra FS, a grande pergunta é a seguinte: como se passa de um estado do nó a outro?

De onde provém o anel reparador do ego/sinthomático? É claro que não se trata, com essa consistência, de algo que provenha do gozo do sintoma (sem "h"), localizado nas "falas impostas". Ela provém do espaço do Imaginário.

O que é o ego?

É uma suplência que restitui a função egoica desfalecente, e o faz a partir do ego como "escabelo" (ver em C. Soler o que se pode dizer dessa função do "escabelo", de caráter narcisista, que não se confunde com o narcisismo da imagem especular).

Acaso Joyce dispunha dessa consistência desde a tenra infância, tal como acontece com a consistência que repara a falha do nó neurótico, com o recurso ao sinthoma/pai?

O "episódio da surra" facultou a Lacan ler o lapso que deixava o imaginário livre (primeiro estado do nó, segundo a nossa opção de apresentação). Mas e antes desse episódio? Joyce já contava com outro sinthoma que lhe assegurava certa forma de enodamento não borromeano? Qual é a origem dessa consistência que permite a correção? Qual é a origem desse Ego?

Lacan leitor de Joyce, de C. Soler, permite traçar a "linha de sua vida", por assim dizer, colocando em cena diversos episódios e características biográficas de Joyce que permitem, ao menos em parte, responder essas perguntas.

A "forclusão de fato", como dissemos, pode ser "lida" a partir das manifestações decididas de seu *Nego*, de sua forma de recusa a tudo o que se poderia ter transmitido a ele: sua língua, sua religião, sua família, sua tradição irlandesa...

O "ego" reparador ficaria atestado por seu desejo, desejo decidido — ou melhor, vontade, diria eu — de se converter não somente "num" artista, mas "n'O" artista. Desejo que se pode ler em seu precoce *A Portrait of the Artist as a Young Man* (*Um retrato do* [d'O] *artista quando jovem*). "Se ele diz *the*, é certamente porque pensa que, de artista, ele é o único; que nisso ele é singular." (S23, 18)

III. TERCEIRO ESTADO
do nó joyciano, vejamos

Lacan o apresenta como "Reconstituição do nó borromeano". A apresentação nas versões Seuil e Zahar nos confrontam com um problema: ele é ou não é um nó borromeano verdadeiro? Nas versões editadas (Seuil e Zahar), o nó não tem cores.

Figura 5.3: Nó de Joyce "reconstituído" (Zahar, p. 151 e Seuil, p. 155).

Lacan o apresenta assim:

> Há um último esquema que posso, de todo modo, desenhar para vocês. Se aqui está o ego como o desenhei para vocês há pouco [entenda-se: o círculo], nós nos encontramos na condição de ver o nó borromeano se reconstituir. A ruptura do ego libera a relação imaginária, pois é fácil imaginar que o imaginário cairá fora, uma vez que o inconsciente lhe permite isso incontestavelmente. (S23, 151)

Em todo caso, a partir dessa indicação, não há dúvidas de que temos de colorir o círculo em preto: ele é o SintHoma reparador. Resta decidir que cores colocar nas outras três consistências. A solução se apresenta do seguinte modo:

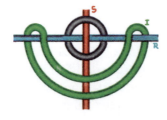

Figura 5.4: Nó "reconstituído" versão Zahar, colorido (J. Chapuis).

Seguindo as indicações das versões do seminário de ALI e de Patrick Valas, dispomos de outra forma de escrita do nó: trata-se da forma em "cruz de Lorena".

M. Bousseyroux, no capítulo 20 de *Lacan el borromeo* [Lacan, o Borromeano] (no ponto "Joyce, o Borromeano", p. 405), apresenta essa forma do nó que antecipamos como nó em "cruz de Lorena". Patrick Valas também o apresenta assim (ver nos anexos, p. 202).

Figura 5.5: Cruz de Lorena

O nó com recurso à "cruz de Lorena", nós o apresentamos colorido a partir das indicações escritas — R (real azul), I (imaginário verde) e Ego (preto) —, o que permite deduzir onde situar o S (simbólico vermelho).

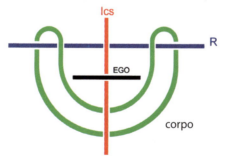

Figura 5.6: Nó com cruz de Lorena colorido por Chapuis para a versão S&P de M. Bousseyroux, *Lacan el borromeo* [Lacan, o Borromeano], p. 405.

Essas formas do NBo4 joyciano nos trouxeram, a Jorge Chapuis e a mim mesma, um pouco de dor de cabeça... mas não é a isso que Lacan nos incita com o seu *"Au noeud il faut s'y rompre"*?

Quanto ao nó apresentado nas versões Seuil e Zahar (aqui *Fig. 5.3* e *Fig. 5.4*), com efeito enfrentamos certa dificuldade para verificar se é realmente — ou não — um nó borromeano verdadeiro.

Verdadeiro no sentido que já mencionamos: que, ao romper *qualquer um dos* anéis de corda, todos as consistências se soltam. Jorge Chapuis se ocupou de verificar se se tratava de um nó borromeano verdadeiro (Ver Anexo, p. 198-199).

Quanto ao nó com forma de "cruz de Lorena" (*Fig. 5.6*), ele também nos colocou a tarefa de "*s'y rompre*" para verificar o que efetivamente era um NBo4.

Assim, nos foi apresentada uma dupla verificação:

Como fechar as Retas Infinitas de modo a obter um NBo4 verdadeiro?

2) Essas duas figuras: a) nó versão Zahar/Seuil e b) nó "cruz de Lorena" são, ou não, equivalentes?

Em ambas as apresentações está claro que R (azul), S (vermelho) e I (imaginário) estão soltos — o que o distingue do nó do Ego que corrige, que mantinha o enlace entre R e S.

Estamos, pois, diante de um tipo de problema semelhante ao do enodamento de três consistências desenodadas, por exemplo, a partir do lapso "a" e empilhadas segundo a forma "circular", tal como apresentamos em nosso primeiro volume de *Passo a passo* (p. 138-139).

Como ir trançando a quarta consistência que enoda? — a que seria equivalente à da forma anterior, de "meia-lua", da nossa referência.

Como trançar as retas infinitas do real e do simbólico, fechando-as sem que se enlacem duas a duas?

Está claro que devemos fechar o vermelho (Simbólico) e o azul (Real) de modo que não se enlacem... para não reproduzir o que acontece com o nó do "ego que corrige".

O azul (real) tem então de passar por "trás" (por assim dizer) do vermelho (simbólico), tendo o cuidado a respeito do qual Lacan já havia advertido: as RIs têm de se fechar de modo que não produzam um enlace (ver p. 86-87).

Jorge Chapuis projeta como seria preciso fechar as RIs do nó com cruz de Lorena para obter um NBo4 verdadeiro, e ele também nos apresenta a trança que corresponderia a esse terceiro estado do nó Joyciano (ver p. 207), de tal maneira que, ao fechar os seus quatro fios, obtenhamos um NBo4 verdadeiro.

Para essas comprovações e ilustrações, remetemos ao "Anexo 1" de Jorge Chapuis a respeito desse nó, p. 195.

■ ■ ■ ■ ■

Em todo caso, se o nó em cruz de Lorena é um NBo4 verdadeiro, podemos nos perguntar: o que o atesta na vida, ou na obra, de James Joyce?

Para uma resposta, parece ser preciso remeter à sua obra tardia: *Finnegans Wake.*

Costuma-se formular, de maneira insistente, a seguinte pergunta: *Finnegans Wake* é o resultado do sintoma das falas impostas, do enlace de R com S?

Ou será que — tal como me parece sustentar C. Soler, em *Lacan leitor de Joyce* — os aparentes "contrassensos sem sentido" de *Finnegans Wake* correspondem a equívocos calculados (e, então, já não seriam impostos)?

Por outro lado — e este é o precioso argumento em que C. Soler insiste —, eles não estão totalmente fora de sentido. Por quê? Porque se apresentam como enigmas para serem decifrados, e o enigma não introduz uma falta de sentido, mas sim a colmatação do sentido.

Esses enigmas dirigem-se a um Outro, ou a outros, o que não acontecia com o sintoma das falas impostas. Eles são dirigidos a outros, na forma de um público: aqueles leitores que se convertem em eruditos da obra de Joyce e, em particular, de *Finnegans Wake*, provocando um trabalho de decifração sem fim.

[...] foi Joyce quem deliberadamente quis que essa corja [a Universidade] se ocupasse dele [...] ele conseguiu [...] Isso dura, e ainda vai durar. [...] Ele o queria, nomeadamente, por trezentos anos. Ele disse — *Quero que os universitários se ocupem de mim por trezentos anos* —, e os terá [aclara Lacan], conquanto Deus não os pulverize [antes]. (S23, 16-17)

■ ■ ■ ■ ■

Permito-me uma ficção. Um encontro desse texto de J. Joyce com A. Turing, que se teria proposto a decifrá-lo. Para isso, ele teria precisado de ao menos um fragmento a partir do qual conhecer o seu código de cifração — condição necessária para fazer funcionar a máquina de decifrar mensagens codificadas pelo exército alemão durante a Segunda Guerra Mundial. A partir de tal informação mínima do código de ao menos um fragmento de *Finnegans Wake*, a máquina inventada por Turing — e alguns colaboradores — poderia colocar-se a decifrar as combinações enigmáticas de outras múltiplas mensagens que teriam sido cifradas com o mesmo código... Porém, se a cada mensagem o código muda, não há maneira alguma de se servir da máquina. É claro que, se para cada mensagem o código varia, não haveria interlocutor da mensagem que pudesse recebê-la e decifrá-la! Pelo menos emissor e receptor têm de dispor desse código, por mais secreto que seja para um terceiro.

■ ■ ■ ■ ■

Aclaremos que, se *Finnegans Wake* se aproxima de uma literatura "ilegível", isso não acontece com grande parte de sua obra anterior. Com efeito, as suas *nouvelles* (novelas curtas), *Dubliners* (*Dublinenses*), por exemplo, certamente são legíveis.

Também é legível a sua obra em teatro *Exiles* (*Exilados*), peça escrita na época do "reinado" de Nora, na qual confere uma forma a "alguma coisa que é, para ele, o sintoma [...] central [...] sintoma feito da carência própria da relação sexual" (S23, 68).

Para Lacan, há algo assim entre Joyce e Nora, algo como uma relação sexual — ainda que esta seja impossível. Trata-se de uma "relação esquisita"... a qual se assemelha ao avesso de uma luva, a virar uma luva do avesso. Para Joyce "a luva virada do avesso é Nora [...] ela lhe cai como uma luva" (S23, 81)

Há em Joyce uma literatura perfeitamente legível, que comociona o inconsciente do leitor como qualquer ficção mais ou menos exitosa da literatura pode fazer.

Esse desdobramento dos três estados do nó no "caso" de Joyce nos leva a formular uma indagação que concerne à clínica. Há, ou não, uma estabilização do nó para Joyce?

A questão é a de se, a partir de seu *work in progress*, através de sua escrita, de sua arte-dizer, Joyce consegue uma estabilização borromeana de sua subjetividade.

De todo modo, Lacan é claro: não é nada evidente que o sintoma de base, o das falas impostas, tenha desaparecido durante o percurso de seu longo trabalho de escrita. Desde o *Retrato do artista*, passando por *Ulisses*, para terminar com *Finnegans Wake*,

> [...] no progresso de certo modo contínuo que sua arte constituiu, é difícil não ver [afirma Lacan] que uma certa relação com a fala lhe é cada vez mais imposta [...] Ele acaba por impor à própria linguagem um tipo de quebra, de decomposição, que faz com que não haja mais identidade fonatória.

Por conseguinte,

> [...] permanece ambíguo saber se [com a sua escrita] é o caso de se livrar do parasita falador [...] ou, ao contrário, [trata-se] de se deixar invadir pelas propriedades de

ordem essencialmente fonêmica da palavra, pela polifonia da fala. (S23, 93)

Isso deixa pensar que, apesar de postular uma borromeização do nó joyciano, a questão não está clara, pois permaneceria o sintoma de base, ou seja, o enlace entre simbólico e real que dá conta da "imposição" das palavras que, apesar disso, não se poderia ler no êxito de um NBo4.

Chapuis: Entendo que, com o nó Lorena, esse enlace desaparece.

■ ■ ■ ■ ■

Agora deixo Joyce pelo caminho a fim de, como anunciei antes, seguir M. Bousseyroux, que se interroga a respeito de um eventual nó da passagem a analista.

É possível falar numa univocidade do nó do passe? Nada menos evidente!

M. Bousseyroux aventa uma hipótese sobre a forma que poderia assumir o nó da "passagem" a analista. Ele o aventa com muita prudência, dado que em nenhum momento fala do nó do passe.

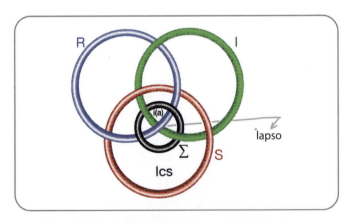

Figura 5.7: O traquejo borromeano do analista. M.B. *Au risque...*, p. 187 (colorido por J. Chapuis)

Em todo caso, trata-se de uma forma de nó que poderia assegurar a emergência e a sustentação de um desejo de analista. Desejo de analista que se sustentaria em certo "traquejo" com os nós, seus enodamentos e desenodamentos.

M. Bousseyroux se pergunta: que lapso clínico produz a análise em seu final?

Sem sombra de dúvidas, uma análise não "ataca", por assim dizer, a primazia do real sobre o simbólico.

Uma análise possibilita que um determinado tipo de primazia do imaginário sobre o real, assegurada pelo eu e o i(a), ceda. Primazia, recordemos, que é aquela que nós encontramos no NBo3 de partida, no qual I passa por cima de R.

MB formula a hipótese de que a passagem para o objeto faz cair o envoltório do objeto *a*, ou seja i(*a*). Isso implica que, num dos pontos (lugar do lapso na *Fig. 5.7*), "o real — o instante de um relâmpago — *prend le pas sur* [passa por cima, aclaro eu] do imaginário" (MB-*AuR*, 187).

Seria esse o "lapso" do nó que uma análise poderia produzir em seu ponto final. Lapso passageiro. Momento em que há desabonamento do Inconsciente (anel S livre). Mas então advém um reenodamento via identificação ao sintoma — proponho escrever *sinthoma* — que o analista pode restabelecer com uma manobra no nível de i(*a*), restabelecendo assim um NBo4.

Pode-se formular que esse seria, eventualmente, o tipo de nó da passagem a analista. M. Bousseyroux é prudente e esclarece que essa não seria a única maneira, a única forma de um nó terminal... poderia haver outras.

■ ■ ■ ■ ■

Retomo, em parte, um debate que se produziu a partir de perguntas surgidas dos participantes do seminário:

Por que continuamos falando em "pai"?

Os conceitos da teoria analítica utilizam palavras que provêm de vocábulos, por assim dizer, da linguagem comum. Quer dizer que eles possuem conotações comuns, do senso comum ou do sentido de uma época, bem longe das funções e da formalização que correspondem a uma teoria formalizada.

Falamos em "pai", "falo", "castração", termos que sempre requerem aclarações muito precisas, em particular nos debates com movimentos feministas, com os teóricos *queer*; com os movimentos, em geral, vinculados à liberação sexual e outras correntes de pensamento que querem se desprender daquilo que foi caracterizado como "logocentrismo" ou como "falocentrismo" e atribuído à psicanálise.

Aqui uma questão de "transmissão" nos é apresentada.

Não sendo a psicanálise uma ciência completamente "formalizada", ela faz uso de termos da linguagem comum e, toda vez, cumpre precisar a que elas aludem e de que maneira não se confundem com o que é utilizado nesse ou naquele modelo, nem se equiparam ao uso da ordem social. Em particular, a defesa da família conjugal heterossexual, adjudicada à psicanálise, e sem dúvida sustentada por mais de uma corrente psicanalítica que não quer abandonar o Édipo como único recurso contra a loucura, como único *garde-fou*[1].

A própria ciência, para poder transmitir-se — não deixemos de lembrar —, deve recorrer a um uso da linguagem e, por mais formalizada que esteja a sua teoria, não pode deixar de introduzir a possibilidade do equívoco.

A cada vez temos de desconstruir, por assim dizer, o senso comum que o nosso próprio vocabulário evoca: o falo não é o órgão; o pai não se excetua da lei, dele se espera que seja o "ao menos um que diga não", ele não passa de um sinthoma entre outros possíveis; o feminino não se

---

[1]Do francês, "guarda-corpo" [lit. guarda-louco]. (N. de T.)

confunde com o castrado e o passivo; o pai é uma função "que nomeia", que deve se desembaraçar de toda conotação religiosa ou de qualquer outra que seja única caução da ordem simbólica etc.

Se quiséssemos nos aproximar de uma transmissão "o mais científica possível" — ambição de Lacan apostando no matema que deve abandonar para reconhecer que finalmente o *truc* analítico não será analítico (S20) —, deveríamos formalizar ao máximo inclusive a nossa referência à topologia, deixando de lado as figurações para nos centrarmos nas fórmulas algébricas que lhe correspondem. Abandonar, portanto, o "abuso imaginário" mencionado em "O aturdito".

Dificilmente conseguiríamos, então, fazer "ressoar" algo que comocione o inconsciente das pessoas que nos escutam e que não vão em busca de uma apresentação científica, mas sim, em sua aproximação da psicanálise, encontram-se motivados por seus mal-estares e sofrimentos.

Quando transmitimos ao "público" em geral, tentamos fazer ressoar algo que possa gerar uma consonância apta a acolher esses mal-estares diversos, mal-estares do casal, das formas de angústia, da queda do desejo nas depressões etc. Daí a frequência, nas conferências dos psicanalistas, em recorrer aos exemplos da literatura, do cinema ou de outras formas culturais.

Não obstante, que, como praticantes da psicanálise, nós nos preocupemos com fazer "a teoria a partir da sua práxis" é outra coisa.

E neste ponto nós nos deparamos não somente com a resistência à psicanálise vinda de outros discursos — isso tem a sua lógica, por fim, visto que o discurso analítico desvela o que os outros discursos pretendem manter velado —, mas com uma resistência que provém dos próprios analistas.

Os analistas não estão — não estamos — a salvo de restituir as "ideologias dominantes", entre as quais está uma que Lacan denuncia: a predominante ideologia "familiarista".

Nesse ponto, Lacan dá ênfase, como dissemos, à resistência dos psicanalistas à topologia e, em particular, ao método dos nós — nós "*auxquels il faut s'y rompre*", como tentamos fazer neste seminário.

Essa resistência, no fim, pode explicar por que demoramos tanto — e continuamos demorando — para percorrer essa última parte do ensino de Lacan e por que nos deparamos, repetidas vezes, com a pergunta: para que serve tudo isso?

Penso que é só *passo a passo* que poderemos colocar a clínica borromeana à prova, e isso supõe — ao menos foi o partido que tomei — que nos familiarizemos com o seu método, o seu vocabulário, as suas apresentações nodais.

Podemos ver como as elaborações de mais de um analista vão confluindo no sentido dessa aposta. Mencionamos sobretudo dois autores (Michel Bousseyroux e Fabián Schejtman), mas há outros que há anos se dedicam a elucidar essa parte do ensino de Lacan.

Seria impossível listar esses autores porque correríamos necessariamente o risco de fazer uma lista não exaustiva. Viemos mencionando algumas contribuições como referências em nosso *Passo a passo*... e contamos, para o futuro — por exemplo, no campo lacaniano —, com quem se reuniu em torno de M. Strauss e B. Nominé para avançar nesse uso dos nós e em seu valor clínico.

De todo modo, essa inquietude — legítima, sem dúvida — acerca de para que essa abordagem nodal serve, é frequentemente motivada por aquilo que eu chamaria de uma pressa da "aplicação clínica", a qual pode ser discutida.

Em certa ocasião, Lacan fala de maneira crítica sobre "a carta marcada da clínica". Entendo isso como sendo a que acreditaria em certo empirismo da prática analítica, esquecendo que toda clínica é subsidiária da teoria em que se apoia ou na teoria que se elabora a partir dos "dados" — nunca diretos — da experiência.

De todo modo, a esta pergunta costumo responder que, pelo menos — e isso é certo —, ela serve como certa "ascese" na formação do analista. Certa prática, certo exercício de desprendimento da referência ao sentido... incluindo o que se pode apresentar como "senso comum" da psicanálise, com a sua fascinação pela "historinha" das aventuras edípicas de mamãe, papai e eu.

Há um embate epistemológico fundamental que se disputa no nível dos conceitos teóricos da psicanálise. Se falamos de "subversão" lacaniana, é precisamente porque Lacan subverteu muitos de seus termos conceituais que se haviam fixado, em particular com o predomínio do recurso ao Édipo associado a certo tipo de ordem simbólica.

Assiste-se atualmente a uma vontade de eliminar a função "pai"? É uma tese que parece dominante e que identificamos como o "declínio" da função paterna.

Mas nem sempre é uma hipótese verificável. Em todo caso, se em nossa atualidade a ordem simbólica da cultura ocidental se modificou, sem dúvida alguma a clínica que se abre recorrendo ao método dos nós seria apta a inaugurar um traquejo com as novas soluções SintHomáticas de nossa época.

Formas de enodamento subjetivo que não recorrem ao SintHoma-pai... emergência de novas formas *sinthomáticas* de se haver com a falha central da estrutura.

Nessa linha, J.-A. Miller colocou na ordem do dia — já faz tempo — a expressão "psicose ordinária" e, atualmente, avança inclusive com a expressão "neuroses extraordinárias" a fim de referir-se a casos de neurose que não responderiam ao "típico" recurso do sinthoma-pai (nomeação essencialmente simbólica) para apresentar outras formas de enodamento ou de falha de enodamento.

De qualquer forma, o método borromeano, sem sombra de dúvidas, modifica o campo da nossa clínica lacaniana e permite, com o seu "metabolismo do gozo" nodal, sair da clássica divisão (entre neurose, perversão e psicose) que ainda se mantém solidária a um vocabulário em parte externo à psicanálise — em particular no que concerne à perversão e à psicose.

Isso não significa, em absoluto, que abandonemos esse trio construído a partir da perspectiva da castração e as diferentes maneiras de lidar com ela: repressão, renegação ou forclusão. Só que o "campo lacaniano", o campo do gozo, é mais amplo do que aquilo que essa clínica deixa perceber.

......

Vimos em nosso *Passo a passo 1* como, a partir de nossas duas referências principais (MB e FS), podíamos abordar distintas formas de lidar com o método nodal. Se para MB existem somente duas formas não equivalentes do NBo4 (Ns e Ni), para FS, no entanto — que toma outras perspectivas —, podemos ter ao menos seis formas de NBo4 (Ver *Passo a passo 1*, p. 170-ss).

Na próxima intervenção, de julho, voltaremos à pergunta: esses NBo4 da neurose são ou não são equivalentes entre si?

Passa-se de um a outro sem cortes nem emendas? Ou não se pode passar de uma forma a outra sem introduzir cortes e emendas?

Isso seguramente possui incidências clínicas, e muito particularmente sobre o que poderíamos abordar como "direção do tratamento nodal".

Quando são equivalentes, é evidente que o NBo4 não é topologicamente discriminatório.

Apesar de sua escrita, as suas diversas formas de apresentação "aplanada" podem, sim, ser discriminatórias para ilustrar diversas formas da neurose.

Assim se pode discriminar as maneiras simbólica, imaginária ou real de sinthomatizar.

Em nossa próxima intervenção, no mês de julho, a última deste segundo ciclo do nosso *Passo a passo*, abordaremos essa questão com o exame dos NBo4 da neurose, suas formas equivalentes ou não equivalentes. Insistimos na importância dessa questão da "equivalência", visto que é de supor que uma passagem de um nó a outro equivalente (sem corte nem emenda) requer manobra transferencial e interpretativa diferente da passagem de um nó a outro não equivalente, isto é, que requer corte e emenda. Duas maneiras de corte, então? — aquele que se obtém pela própria fala do analisante e o que se produz pelo dizer interpretativo do analista.

■ ■ ■ ■ ■

Estamos bem longe de acabar com as perguntas que essas distinções podem levantar na prática, sem dúvida alguma...

6. Escritas nodais da neurose

Junho de 2018

Equivalências e não equivalências do NBo4.
Transformações do nó: Cortes e emendas.
Diversidade da interpretação.
Diferentes perspectivas de MB e de FS.
Direção "nodal" do tratamento?
Estados do nó do Pequeno Hans segundo FS.
Anéis de corda e toro.
Primeira abordagem da reversão.
Debate: o analista-sintHoma.
Distinção entre final de análise e passe.

Como havíamos anunciado, vamos retomar o problema das equivalências ou não equivalências entre os nós que nos confrontam a questionamentos clínicos.

Depois de passar por Joyce, vamos examinar as possibilidades dos NBo4, na medida em que eles remetem a escrituras nodais da neurose.

Recordo a definição de equivalência que já apresentamos ao tratar o tema (ver p. 46-ss):

> Dois nós são equivalentes quando o modelo correspondente a um deles pode se deformar — estirando-o, contraindo-o ou retorcendo-o — até atingir a forma do outro, sem romper o tubo nem o fazer passar através de si mesmo.

■ ■ ■ ■ ■

Já nos deparamos com casos de nós equivalentes e não equivalentes no percurso de nosso *Passo a passo*. Torno a apresentar alguns como lembrete.

EXEMPLOS DE NÓS EQUIVALENTES:

- Os dois casos equivalentes apresentados por Lacan no início de seu S23 recorrendo ao esquema da tétrade. Ali ele apresenta equivalência entre duas cadeias I R Σ S: a [1 2 3 4] equivalente à [2 1 4 3] (Ver a *Fig. 2.18*, p. 63 da intervenção de fevereiro).
- Equivalência entre duas formas do NBo4 apresentados também no início do S23 (Ver *Fig. 2.19*, p. 64 e *Fig. 2.20*, p. 65 — ambas na intervenção de fevereiro, igualmente).
- A equivalência entre um pseudo-nó de trevo e o nó trivial (Ver *Fig. 4.1*, p. 98 na intervenção de abril).
- Nós também nos deparamos (Ver *Passo a passo 1*, p. 154-156) com a equivalência entre a Ns e a Nr1, assim como a equivalência entre Ni e Nr2.
- Equivalências com RI. Em *O sinthoma*, Lacan ilustra o que ele chama de apresentação "projetiva" (S23, 104) de um NBo3 com duas retas infinitas (azul e verde)[1] e um círculo (vermelho). E comenta: "Finalmente, é vantajoso configurar a cadeia borromeana da seguinte forma, representando os três anéis de um modo que convém chamar de projetivo".
- Podemos também evocar as apresentações feitas por Lacan no catálogo para a exposição de François Rouan, em 1978, no Musée Cantini, que foram recuperadas por J. Chapuis. Encontramos aí duas apresentações de uma cadeia-nó borromeana Ni (folha 1) e duas de uma Ns (folha 2), que mostram as suas equivalências.

---

[1] Na versão Zahar, cinza e rosa. (N. de T.)

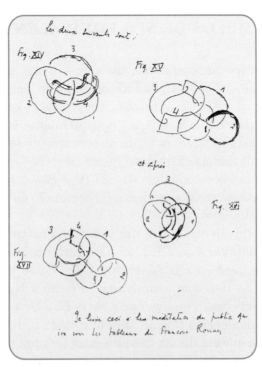

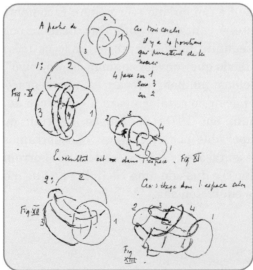

Figura 6.1: Duas folhas manuscritas de J. Lacan para o catálogo de François Rouan (Musée Cantini, Marselha, 1978).

J. Chapuis esclarece: Ao colorir as figuras da segunda folha (segundo o empilhamento que Lacan prefere, S<R<I), visualiza-se bem a equivalência da Fig. XIV com a Fig. XVI, dado que ambas correspondem ao mesmo nó em perspectiva.

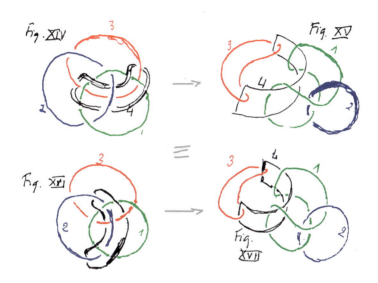

Figura 6.2: As duas representações de uma cadeia-nó Ns do catálogo de F. Rouan (folha 2 colorida por J. Chapuis).

■ ■ ■ ■ ■

EXEMPLOS DE NÃO EQUIVALÊNCIAS:

- Os dois nós orientados e coloridos apresentados no S23, 111 (ver p. 51). MB os retoma e nos lembra do seguinte: que temos não equivalência "quando se diferenciam os três anéis mediante uma cor e, ao orientar, ainda que seja um único anel, podemos distinguir dois objetos borromeanos de três anéis, impossíveis de confundir (denominados não automorfos)" (MB-AuR, 213).
- Uma não equivalência fundamental entre a nomeação simbólica e a nomeação por inibição empilhados

em sua apresentação "circular" como S<R<I (Ver *Passo a passo 1*, p. 154-156).

- Os três estados do nó joyciano (ver p. 132-ss) não são equivalentes: não se pode passar de um ao outro sem cortes e emendas.

■ ■ ■ ■ ■

A interrogação acerca das "equivalências" ou "não equivalências" possuem um valor clínico.

Resulta, a partir dessa ótica, que nós que são equivalentes do ponto de vista topológico têm, apesar disso, um valor diferencial do ponto de vista clínico, quando se os "escreve" em sua apresentação aplanada, isto é, na superfície de duas dimensões; quando prevalece, portanto, uma apresentação "imaginária" do nó.

Talvez seja essa a razão pela qual Lacan avança em sua investigação nodal — com veremos adiante em nosso *Passo a passo 3* — recorrendo a outros recursos topológicos.

Ele introduzirá, por exemplo, a operação de *"renversement"* (reversão) ou *"inversion"*, pela qual se efetua um corte num ou em vários anéis de corda considerados como toros.

Lacan retorna, então, à topologia das superfícies em sua abordagem da topologia nodal.

■ ■ ■ ■ ■

De saída, nós nos perguntamos: quantas formas equivalentes de NBo4 podemos escrever?

Quantas formas equivalentes há entre diversas apresentações de um nó que, ainda assim, em sentido topológico estrito (o nó em sua materialidade), é o mesmo?

Como nos lembra MB, não nos esqueçamos de que a "mostração", a ilustração, é, por conseguinte, enganosa. Acreditamos que não se trata do mesmo nó e, sim, trata-se do mesmo nó".

Do NBo3, compostos de três elementos, tínhamos seis combinações possíveis, de acordo com o que nos indica a fórmula do fator fatorial (3x2x1 = 6).

Isso nos dava seis formas equivalentes. Três levogiras e três dextrogiras. Lembremos que um levogiro pode ser topologicamente equivalente a um dextrogiro.

Apesar disso, dois nós levogiros — ou dextrogiros — podem não ser equivalentes entre si, como vimos (ver p. 51) quando invertemos as duas cores representadas por duas retas infinitas em um NBo3.

Quando passamos a um nó de quatro elementos, aplicando a fórmula do fatorial (4x3x2x1 = 24). Teríamos 24 formas possíveis?

Não!

Em um NBo4, a consistência que desempenha a função de enodar os RSI soltos não se localiza num lugar qualquer. Ela tem de estar "acoplada" a R, a S ou a I, conforme o tipo de nomeação que ela assegura — seja com o simbólico, com o imaginário ou com o real. Esse "acoplamento", essa formação de par, reduz as combinações possíveis.

Não há, pois, 24 combinações possíveis, escritas possíveis, do NBo4.

Quantas há?

MB fala em 16, mas não encontrei o modo como ele calcula essas 16 combinações. Sabemos, por outro lado, que ele só examina as combinações do NBo4 com Ns que não é equivalente ao NBo4 com Ni. Será preciso voltar a examinar este ponto.

A quantidade de combinações também varia, ao que me parece, caso se contem todas as equivalentes entre si mais as não equivalentes.

MB, como sabemos, fala em oito formas para cada um, de onde obteríamos as 16 combinações que ele menciona... Porém, quais são essas oito para NBo4 com Ns e NBo4 com Ni?

Ponto que deixamos em suspenso, mas que deveríamos poder retomar.

■ ■ ■ ■ ■

É evidente, com tudo o que apresentamos, que podemos enfocar diversas formas do NBo4, sejam ou não equivalentes entre si.

Essa equivalência, ou não, entre diversos NBo4 interessa porque permite "ler" as variações que podem se apresentar ao percorrer o trajeto da existência de um *parlêtre*: variações que se produzem a partir de diversos acontecimentos de sua vida, que podem confrontá-lo à ruptura de enodamentos para logo reparar-se com outra forma que não a anteriormente existente (nós o exemplificaremos adiante com o caso da neurose infantil freudiana, o Pequeno Hans, tal como proposto por FS).

Foi o que vimos para os "três estados" do nó em Joyce, que sem dúvida não são equivalentes entre si.

Eles nos interessam, e de maneira bem fundamental, na medida em que essas transformações se produzem no decorrer de um tratamento e na medida em que, orientados pelo real, no fim de um tratamento esperamos obter mais um certo advento de SintHoma do que outro. Tema que apresentamos, em parte, seguindo MB com uma hipótese acerca do que poderia ser uma forma, não a única, de um "nó do passe" (ver p. 152).

De que maneira se pode passar de um estado do nó a outro? Se eles são equivalentes, bastam movimentos de estiramento ou manipulações de suas cordas. Se não são equivalentes, só se pode passar de um estado do nó a outro pela via de operações de corte e emendas. E isso, sem dúvida, nos abre questões quanto às manobras ou modalidades de interpretação que correspondem a uma ou a outra forma.

■ ■ ■ ■ ■

Já tínhamos visto que FS, diferentemente de MB, examinava as seis formas possíveis do NBo4 conforme a quarta consistência que assegura o enodamento — ou seja, o SintHoma — reparando distintos lapsos do NBo3. SintHoma via sintoma, inibição ou angústia.

Temos então, para um NBo3, as seis possibilidades que já apresentamos em *Passo a passo 1*, p. 122-ss.

Para esse tema nos serve de referência FS em *Sinthome*, no ponto 4.1.11, "*Cambio de roles* e *swinging*" [Mudança de papeis e *swinging*] (p. 208-ss), no qual examina o "movimento" de uma cadeia borromeana de quatro anéis.

Usamos a letra sigma (σ) para a reparação simbólica via sinthoma; alfa (α) para a reparação real via angústia; iota (ι) para a reparação imaginária via inibição.

Temos as seguintes possibilidades:

S σ IR   >   Ns que repara o lapso entre S e I
S σ RI   >   Ns que repara o lapso entre S e R
R α IS   >   Nr que repara o Lapso entre R e I
R α SI   >   Nr que repara o Lapso entre R e S
I ι RS   >   Ni que repara o Lapso entre I e R
I ι SR   >   Ni que repara o Lapso entre I e R

Essas combinações podem se mostrar relacionadas com a forma estirada do NBo4, em que as consistências aparecem acopladas formando dois pares:

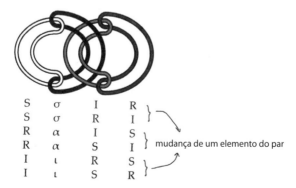

Figura 6.2: Imagem tirada de *Sinthome*, de FS, p. 178.

Vemos que aqui se atende à condição necessária: o SintHoma (seja σ, α ou ι) está sempre devidamente acoplado — faz par — com o registro que ele redobra, reparando o lapso do NBo3. No esquema da *Fig. 6.2*, ele está sempre na segunda posição.

FS fala em "mudança de papeis no casal", quando um elemento de um par é trocado por outro — por exemplo, quando se troca IR por RI.

Podemos então ilustrar as "mudanças de pares" possíveis numerando cada um dos anéis e fazendo equivaler cada um dos números às quatro consistências do NBo4. Assim FS procede para nos apresentar as seguintes combinações:

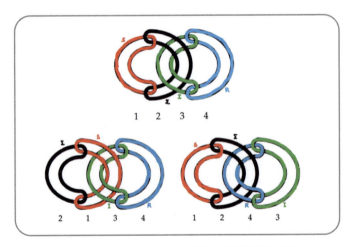

Figura 6.3: Combinações 1234, 2134 e 1243 (FS-*Sth*, 210). Nós a colorimos segundo uma nomeação Ns (σ).

A permutação entre 1 e 2 e entre 3 e 4 não é complicada. É o que Lacan também havia mencionado em sua primeira aula do S23, ver p. 63.

Para J. Chapuis, em se tratando dessa forma do NBo4, parece ser conveniente recorrer à fórmula algébrica apresentada por M. Bousseyroux — (S+Σ) x (I+R) —, em que os signos + e x indicam os lugares comutativos. Assim, de uma forma qualquer podem-se deduzir as outras formas equivalentes.

FS precisa: "A *mudança de papéis* nos pares [...] não parece, como se vê, demasiado complexa". E prossegue: "Mais difícil é, sem dúvida, o *swinging*: *a troca de casais!*" (FS-*Sth*, 210).

Como exemplo, ele apresenta o seguinte *swinging*:

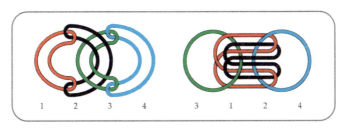

Figura 6.4: Comparação da forma 1234 com o que resulta de um *swinging* (FS-*SLh*, 210). Colorido segundo uma nomeação Ns (σ).

Para concluir: se mantemos a restrição assinalada, ou seja, que o σ esteja sempre aparelhado, anexado ao registro cujo lapso ele repara, então

> [...] nenhuma permutação é inadmissível, mesmo quando em alguns casos a apresentação da cadeia mudar. Isso autoriza a possibilidade efetiva do movimento do quarto elo para as distintas posições da cadeia sem necessidade de corte algum. (FS-*SLh*, 210)

J. Chapuis não acredita que os 2 diagramas da Fig. 6.4 sejam comparáveis, e ele diz: "na segunda figura, 3 e 4, mais que *emparelhadas*, elas estão num trio com uma *posição* privilegiada... para forçar a metáfora do *swinging*".

Em todo caso, ocorre-nos a pergunta: quando essas diversas formas do NBo4 são equivalentes entre si e quando não são?

Está claro que se trata de formas equivalentes do NBo4, do ponto de vista da estrutura topológica do nó, mas de formas, de escritas, de mostrações diferentes.

Isso é clinicamente importante porque, quando são equivalentes, passa-se de uma forma a outra por pura manipulação; e ainda que as formas, a escrita, sejam formas diferentes do ponto de vista topológico, estamos no mesmo nó.

Mas quando não são equivalentes, temos de realizar cortes e emendas para passar de um a outro.

■ ■ ■ ■ ■

Correndo o risco de me repetir, torno a aclarar os passos seguidos nas elaborações de MB, que não seguem os mesmos passos que os de FS.

- As duas possibilidades de Nr não são encaradas nos nós apresentados por MB, pois ele considera que Lacan só levou em consideração, para o NBo4, as duas possibilidades resultantes de um NBo3 em que se produziu o lapso de tipo "a", o que faz o imaginário passar por cima do simbólico (Ver *Passo a passo 1*, p. 163-170).
- Há apenas duas formas diferenciais, dois NBo4 não equivalentes, o que se obtém por uma Ns e o que se obtém por uma Ni.

MB fala em oito apresentações possíveis para cada uma dessas formas de nomeações. Daí 16 formas, mas seriam:

- 8 equivalentes para a Ns
- 8 equivalentes para a Ni

Mas as 8 Ns não são equivalentes às 8 Ni. Nós já dissemos que, por enquanto, desconhecemos como ele calculou essas oito formas.

■ ■ ■ ■ ■

Temos aqui duas perspectivas de uso diferentes do método nodal: a de FS e a de MB.

Não creio que sejam nem um pouco contraditórias!

FS não se limita ao que vimos como uma "opção decidida" por Lacan: examinar unicamente o lapso do NBo3 de tipo "a" (Ver *Passo a passo 1*, p. 145-156).

Nesse sentido, o ponto de vista pelo qual FS optou amplia o campo possível da escrita de nós equivalentes para as "formas" do NBo4 da neurose.

Da perspectiva de MB, como já vimos, a nomeação real requer passar para um NBo5 e não está, então, no mesmo plano que a nomeação por inibição ou pelo sintoma.

Efetuar uma passagem de quatro consistências desenodadas a um NBo de mais de quatro requer acrescentar mais uma consistência para passar a um NBo5 (nó da angústia, tal como apresentado em II, p. 113). De igual maneira, para enodar cinco elos soltos, requer-se introduzir mais uma consistência e obter um NBo6 (nó da fantasia, tal como apresentado na p. 113).

MB então insiste na heterogeneidade do ternário freudiano. E não é esse o caso para as escolhas feitas por FS.

■ ■ ■ ■ ■

Essas variações dos NBo4 podem ser "lidas" ao longo de um tratamento. Pode haver modificações no nó das neuroses.

Para passar de uma forma a outra dos nós da neurose com forma NBo4, são (ou não) requeridos cortes e emendas?

Se os NBo4 são equivalentes, vimos que não.

Em contrapartida, caso se trate de nós não equivalentes, então são necessários cortes e emendas.

Uma coisa é passar de uma forma de neurose a outra; outra coisa diferente seria passar para outro estatuto topológico do nó.

O nó do passe não é uma simples variação equivalente sobre uma forma de um nó neurótico. Ele é o resultado de uma operação do Dizer que, por meio de corte e emenda, muda a estrutura do nó.

Aí residiria uma diferença clínica importante... que não deixa de ter consequências para a "direção nodal do tratamento".

Pode-se conceber, então, por um lado, que haja um predomínio de uma forma sinthomática ou outra nas diversas neuroses. Por exemplo: sinthomatização pela angústia na fobia; sinthomatização pela inibição na neurose obsessiva; ou sinthomatização pelo sintoma na histeria.

Apesar disso, não é aconselhável considerar de uma maneira rígida essa classificação tripartida. Ela somente indica essa ou aquela tendência. Sabemos que um mesmo "tipo" ou quadro clínico pode apresentar diversos tipos de sinthomatizações: a neurose obsessiva não deixa de apresentar um "núcleo" histérico; a histeria, tal qual a neurose obsessiva, pode vir acompanhada de uma fobia etc.

Não convém, então, "fixar" essa ou aquela forma como típica desse ou daquele quadro clínico.

O "método dos nós", muito pelo contrário, ajuda a manter a orientação clínica desejada: considerar cada caso como um caso singular.

Nós já dissemos e repetimos: o nível do SintHoma é aquele em que se podem esperar modificações num tratamento, modificações que não desemboquem necessariamente num "nó do passe".

Em todo caso, o nível da estrutura nodal — com as transformações decorrentes de seu "metabolismo de gozo" — é aquele no qual podemos contar com algum grau de liberdade possível.

■ ■ ■ ■ ■

Se antes havíamos desdobrado, a partir da leitura do (S23), três estados do nó de "Joyce", agora podemos — seguindo novamente FS — apresentar uma leitura nodal das "transformações" do "caso" do Pequeno Hans, o caso de neurose infantil apresentado por Freud.

O caso de Hans — "Pequeno Hans borromeano", digo então — permite ilustrar passagens para diversos "estados" de seu nó, tal como fizemos para Joyce.

Recortamos quatro "estados do nó" de Hans:

1. Enodamento imaginário pela inibição.
2. Desencadeamento pela emergência da angústia/sintoma (sem "h").
3. Encadeamento por uma nomeação real (angústia/ Sinthoma, com "h").
4. Passagem a um encadeamento simbólico pela fobia como sinthoma, com "h".

Cumpre ter em mente que FS, em *Sinthome* — o nosso livro de referência (ponto 4.2.7, p. 190-ss) —, propõe-se uma determinada questão. Podemos ver que se passa do estado 1 ao estado 3 por corte (desencadeamento) e emenda (reenodamento)... mas resulta mais misterioso saber como passamos do estado 3 ao estado 4. Ou seja, como se passa de um nó por nomeação real (sinthoma pela angústia) a uma nomeação pela fobia (sinthoma pela fobia).

Vejamos agora esses quatro estados do nó infantil do Pequeno Hans:

1. Pode-se pensar a primeira forma de nó de Hans como aquela que corresponde ao seu estado "paradisíaco" com a mãe. Predomínio de uma relação dominada pela identificação (imaginária) de "ser o falo" para a mãe. Um NBo4 assegurado por uma nomeação imaginária de tipo inibitório. Sem dúvida, a "identificação com o falo" está na origem de muitas inibições da ação, do movimento da ação.

Este primeiro estado do nó de Hans pode se apresentar como aparece na seguinte *Fig. 6.5.*

A identificação com φ (o falo imaginário) assegura a quarta consistência, que permite o enodamento.

Ela corresponde, pois, a um sinthoma de tipo "ι", nomeação imaginária, que corrige os lapsos de tipos "a" e "b", produzidos ao passar I por cima de S e S por cima de R, quer dizer: R < S < I (Ver *Passo a passo* 1, p. 125).

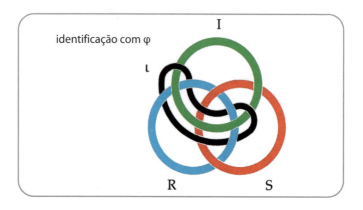

Figura 6.5: Primeiro estado nodal do Pequeno Hans Ni. (FS-*Sth*, 191 colorido)

Esses lapsos (S>I e R>S) produzem um desenodamento de RSI e seu empilhamento: R debaixo de S debaixo de I (R<S<I). A nomeação imaginária — aqui em forma de meia lua — repara o lapso assim produzido. Esse reparo, que se faz entre I e R, pode ser escrito — acompanhando FS — como I ι R S (uma das possibilidades da prancha da figura *Fig. 6.2* mais acima).

2. Podemos situar, a seguir, um momento de "desencadeamento". Quando Hans se depara com dois acontecimentos que adquirem para ele um valor, digamos, "traumático", rompe-se com a estabilização em que se estava até então instalado... em seu limbo paradisíaco.

Por um lado, ele é invadido por um gozo orgástico (gozo peniano, "no corpo"), que se apresenta a ele como algo alheio e enigmático.

Por outro, ele perde a sua posição de "identificação ao falo materno", a sua posição de ser o "falo privilegiado" da mãe, cujo desejo — o desejo materno — fica questionado pelo nascimento de sua irmã.

Nascimento que o confronta, então, à questão: O que sou, então, no desejo de minha mãe? Qual é o desejo de minha mãe?

O desencadeamento é acompanhado por uma invasão da angústia. Uma angústia que opera, então, como angústia-sintoma, no sentido do mal-estar que ela gera. Cumpre não a confundir com a angústia que poderia corresponder a uma forma de Nr, como SintHoma que poderia assegurar um enodamento.

Hans se confronta muito especialmente com um gozo que não deixa de apresentar uma dimensão "real", um gozo no corpo, fora da linguagem, um gozo "sem sentido".

Momento em que algo do "real do gozo" penetra, por assim dizer, no corpo.

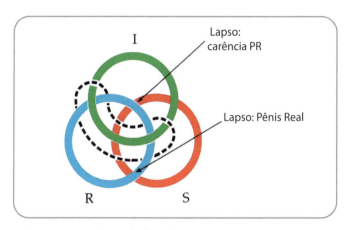

Figura 6.6: Segundo estado do nó do Pequeno Hans. Desencadeamento. Ruptura da Ni (FS-*Sth*, 192). Colorido por J. Chapuis.

Produz-se, então, um "desencadeamento" gerado pela ruptura — por um "corte", então — do nó anteriormente estabilizado e garantido por uma Ni, pela nomeação imaginária.

Trata-se de um desenodamento que deixa livre as três dimensões R, S e I. É claro que esse momento só pode ser transitório; e eu diria inclusive que, em sua pureza, ele é de curta duração — caso contrário, os efeitos clínicos teriam sido muito mais graves que os observados em Hans.

FS formula essa conjunção fundamentada em duas razões que geram novos lapsos do nó e levam a um empilhamento S<R<I. O novo par de lapsos se deve:

- à carência do pai real, que produz lapso num ponto de cruzamento entre R e S, e
- o lapso ocasionado pelo gozo peniano (pênis real, diz FS) no outro cruzamento de R com S.

Na realidade, trata-se do fato de que R vem no lugar em que teria de vir, por cima do simbólico. Mas isso funciona como lapso com relação à forma anterior do nó sustentado numa Ni, em que I não está onde tem de estar, visto que vem por cima de S em vez de vir por baixo.

3. Produz-se, logo e rapidamente, uma outra forma de encadeamento, o "terceiro estado" do nó de Hans.

Esse encadeamento responde ao fato de que uma nomeação real (Nr) se efetue via angústia. Uma angústia que teria, agora, o valor de um sinthoma que enoda. Uma angústia que "nomeia", portanto. E se nomeia como "temor de ser devorado pela mãe". Assim, volta a se formar um NBo4.

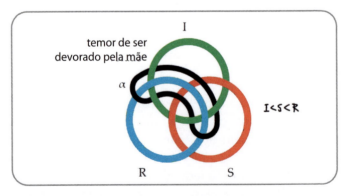

Figura 6.7: Terceiro estado do nó do Pequeno Hans: novo enodamento via angústia (FS-*Sth*, 193). Colorido por J. Chapuis.

Nesse caso, a angústia como sinthoma, nomeação real, volta a enodar I<S<R. Agora temos, então, um NBo4 da forma RαIS.

4. Por fim, com a formação de um "sintoma fóbico", aparece uma nova forma de enodamento (*Fig. 6.8*) efetuada a partir de uma nomeação pela via do sinthoma: nomeação simbólica manifestada na "fobia de cavalo".

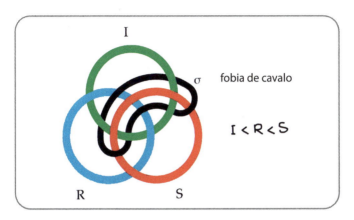

Figura 6.8: Quarto estado do nó do Pequeno Hans: enodamento simbólico pelo sintoma fóbico (FS-*Sth*, 194). Colorido por J. Chapuis.

Essa Ns se efetua sobre um empilhamento I<R<S. Há transformação do NBo4 com Nr por uma Ns.

Com ela se repara o lapso entre S e I e o NBo4 assume a forma de SσIR.

Como foi que se passou do terceiro estado do nó de Hans — enodamento (Nr) — ao quarto (Ns)? Como foi que se passou de R(angústia/α)IS a S(fobia/σ)IR? A questão permanece em aberto.

Será possível acompanhar uma outra apresentação da fobia e do caso de Hans no novo livro de M. Bousseyroux *Pensar el psicoanálisis con Lacan*, que em breve será publicado em castelhano pela editora S&P (Capítulo 15, "Pensar las fobias, entre miedo y atracción").

▪ ▪ ▪ ▪ ▪

Aqui temos perspectivas diferentes.

Para M. Bousseyroux, não se poderia ter passado de uma Ni a uma Ns sem deixar de efetuar cortes e emendas, já que se trata de duas formas de NBo4 não equivalentes.

Quanto à angústia, teria sido preciso, para funcionar como uma nomeação —como Nr —, o recurso a uma quinta consistência e à formação de um NBo5 — não equivalente, é claro, a nenhum NBo4.

De acordo com essa perspectiva, em vez de apenas dois, teríamos três estados do nó de Hans.

1. O primeiro, da Ni;
2. O segundo, produzido por uma angústia/corte que desencadeia e desenoda a primeira forma do NBo4 por Ni;
3. E o terceiro, pela formação de um novo nó não equivalente ao primeiro, produzido — depois do corte da angústia — pela nova emenda com a fobia, com função de SintHoma via uma Ns.

Não falaríamos, então, a partir desta perspectiva, de uma angústia com valor de nomeação.

Em contrapartida, é indiscutível considerar o momento de angústia produzido pela confrontação de um "gozo sem sentido" na origem de um "desencadeamento" do nó inicial: NBo4 com Ni.

Desse ponto de vista, então não se levantaria a questão formulada por F. Schejtman acerca de como se passa de seu estado 3 (Nr do nó do Pequeno Hans) a seu estado 4 (Ns do nó), visto que não se formularia a hipótese de um nó nomeado pela angústia (Nr).

A pergunta continua sendo: como foi que se passou de Ni a Ns? Resposta: sem dúvida, mediante corte e emenda — necessários, já que Ni e Ns são duas formas não equivalentes, topologicamente falando.

■ ■ ■ ■ ■

Que essas reflexões comparativas valham como exemplo de que, no âmbito da "clínica borromeana", estamos longe de contar com versões estabelecidas e rígidas.

Nós nos deparamos com diversas maneiras de fazer uso do "método nodal" em nossos dois autores de referência: M. Bousseyroux e F. Schejtman.

■ ■ ■ ■ ■

Esses "exercícios" sobre as escritas e possíveis leituras das modificações dos NBo4 nos colocam diante de "escritas" do NBo4 da neurose que — equivalentes ou não entre si — possuem, sem dúvida, um valor clínico porque permitem, com efeito, diversas apresentações do NBo4, diversas escritas do NBo4, conforme se esteja numa posição inibida, angustiada ou sintomatizada, com suas concebidas fenomenologias clínicas diferenciais do mal-estar e que requerem manejos distintos na condução do tratamento.

■ ■ ■ ■ ■

Talvez, como afirma FS, essas abordagens das modificações dos NBo4 da neurose não eram suficientes para Lacan, o que o levou a passar para outros recursos no "manejo" dos nós.

FS formula isso do seguinte modo: dado que a prática não nos permite estabelecer uma relação rígida da histeria com Ns, da obsessão com Ni e da fobia com Nr, essa abordagem das modificações dos NBo4 das neuroses "[...] resulta insuficiente para abordar, em termos nodais, a variedade clínica da neurose". E ele prossegue: "de modo que é preciso ensaiar algumas outras vias de acesso à questão" (FS-*Sth*, 211).

■ ■ ■ ■ ■

E, com efeito, a partir de *L'Insu...* (S24), Lacan vai propor outra abordagem para o nó da neurose. Ele voltará a recorrer à topologia das superfícies e a examinar o que sucede quando se praticam cortes em um toro.

Sendo esse também o seminário no qual fala do fim da análise como "identificação ao sintoma", não podemos nos assombrar com o fato de que ele então se dedique a examinar outro típico tríptico freudiano: as três identificações (ao pai, ao traço unário e a identificação histérica).

Seguindo E. Porge (ver *Lettres du symptôme*, obra já citada em *Passo a passo 1*), consideramos a identificação uma questão de "transformação". Lacan já se havia ocupado das três identificações freudianas em *RSI* (S22), com relação ao nó borromeano.

A esta altura nós já sabemos: o nó é real, o único Outro real é o próprio nó.

O nó real se faz suporte de uma discriminação entre as três identificações:

- A identificação do amor ao pai, como identificação ao real do nó (enquanto real).
- A identificação ao traço unário, como identificação ao simbólico do nó (enquanto real).
- A identificação histérica, como identificação ao imaginário do nó (enquanto real).

Teremos de ver como esta tripartição se conecta com a abordagem das identificações que agora Lacan propõe a partir de uma articulação entre o recurso à topologia das superfícies e à escrita nodal.

■ ■ ■ ■ ■

Por ora, vamos nos adiantar para a terceira parte do nosso programa e examinar alguns passos do seminário *L'insu...* (S24) e, em particular, a operação de *"renversement"*

— Lacan também fala em *"inversão"* —, que se traduziu por "reversão".

É uma operação que corresponde à manipulação que consiste em "virar do avesso" um toro, como se pode virar do avesso uma meia, uma luva ou uma camiseta: fazendo passar para dentro o que está fora e vice-versa. Para examinar essa operação, temos de retomar alguns pontos.

Cada anel de corda é agora considerado explicitamente como um toro. Lacan já vinha propondo isso desde *Mais, ainda* (S20).

Ele também já havia falado em nó-corte: um corte produzido num toro quando esse corte segue o trajeto de um nó de trevo (Ver *Fig. 2.14*, p. 59).

Essa referência que cruza topologia dos nós e topologia das superfícies — recordemos que o toro é, por assim dizer, a figura básica dessa topologia das superfícies — nos remete a "O aturdito".

Em "O aturdito", o sujeito neurótico é um sujeito tórico no qual irão se efetuar cortes e costuras (emendas) até chegar à separação entre os dois elementos da fantasia conjugados no *cross-cap*: o sujeito barrado com forma de Banda de Moebius e o objeto *a* com forma de anel — a *"rondelle"* (ver esquema em *Guia topológico*, de J. Chapuis, p. 83).

■ ■ ■ ■ ■

Apresento, sempre com a preciosa ajuda de J. Chapuis, uma dessas primeiras elaborações: a operação chamada de *renversement* (reversão), com a qual Lacan vai tentar outra abordagem — mais complexa, sem dúvida — das neuroses, em particular da histeria.

Assim, vamos nos adiantar um pouco ao que já corresponde à terceira parte do programa que apresentamos em nosso *Passo a passo* (ver programa em *Passo a passo 1*, p. 13)

Lacan apresenta essa operação na primeira aula de *L'insu...* (S24). Ela consiste em "virar do avesso" um toro sobre si mesmo, a partir de um corte transversal —lembremos que distinguimos cortes transversais e longitudinais que se fazem no toro —, ver *Fig. 2.14*, p. 59.

Com esse "virar do avesso", como já lhes disse, o que estava dentro — a alma do toro — passa para fora e vice-versa: o que estava fora passa para dentro.

Eis aqui a mais simples das reversões num único toro:

Figura 6.9: Reversão simples de um toro (FS-*Sth*, 213 colorida)

Essa operação de *renversement* (reversão) é um ganho fundamental, pois nos permite "formalizar" com os nós o que é um corte; inclusive, veremos diferentes cortes que se podem produzir em termos de nós.

Esse corte num toro é algo distinto do que examinamos como o que está na origem dos lapsos do NBo3 o do NBo4, e que levavam a um desenodamento da cadeia, ou seja, a uma liberação de suas consistências R, S e I.

A(s) operação(ões) de *renversement(s)* — reversão(ões) — às vezes levam a um desenodamento; outras, não. Tudo depende do tipo de corte... há cortes e cortes!

Os efeitos de um corte transversal ou longitudinal variam de acordo com o tipo de nó em que se efetuam.

Trata-se, ademais, de outro tipo de corte que não o apresentado em "O aturdito" — como corte no *cross-cap* que separa S de a.

Vemos, pois, a complexidade que a noção de "corte" adquire com todas essas ampliações da clínica borromeana. Sabemos que, sem dúvida, a noção de corte é solidária à interpretação e, por conseguinte, a noção de interpretação certamente variará em função do corte com o qual a associemos.

• • • • •

Antes de concluir, portanto, com o nosso *Passo a passo 2*, abrimos um debate no qual surgiram diversas interrogações. Retomo então o que me parece o eixo principal desse intercâmbio com o nosso público, sem garantia, é claro, de ter retomado todos os matizes das perguntas suscitadas.

Ir mais longe que o inconsciente é o que Joyce ensinou a Lacan. Ir mais longe, isto é, até esse ponto de identificação ao SintHoma quando o "não todo" do gozo passa à contabilidade do inconsciente.

Ao final da análise, essa identificação ao SintHoma implica uma nomeação, nomeação que Lacan diz que "*coiffe*" o Nome do Pai. Com essa nomeação produzida por uma análise se chega mais longe que o inconsciente.

O que é uma nomeação?

Um significante em seu estado puro, sem sentido, que abre para algo do real. Nomear é inventar um novo significante que fura, que escava de uma maneira diferente dos falsos furos, produto do acoplamento entre o SintHoma e o Simbólico.

Em 1977, Lacan continua esperando que cada psicanálise invente um significante que produza uma nomeação, não uma significação.

Retomando uma definição mínima do sintoma como "aquilo que não anda" e que é causa de uma demanda terapêutica ou psicanalítica, o SintHoma (com "h") é de uma ordem mais geral: é uma solução! Ele é a maneira como uma subjetividade se enoda, e não necessariamente gera mal-estares que estejam na origem de uma demanda de psicanálise.

Enquanto "solução", ele vai mais no sentido contrário daquilo que aponta "para o que não vai".

Há subjetividades "bem" enodadas, como seria o caso de muitas neuroses obsessivas, com frequência perfeitamente "adaptadas", por assim dizer, e dificilmente comocionadas por um mal-estar "subjetivizado".

Essas pessoas muitas vezes só chegam a formular uma demanda de análise pelo mal-estar que geram em seu entorno; por exemplo e frequentemente, em sua própria mulher — que, para elas, possui a função de SintHoma!

O sintHoma não é algo, portanto, que somente se obtém ao final de uma análise; podemos falar de sinthomas que não suscitam demandas de atenção. É preciso que algo "comocione" essa ou aquela forma de enodamento *sinthomático*, que se produza uma espécie de "desencadeamento", de "desenodamento", que faça estremecer a forma resolutiva "sinthomática" bem instalada.

Por isso sempre insisto que, nas entrevistas preliminares, se dê atenção ao momento em que alguém decide solicitar um encontro com um analista — por que nesse momento e não em outro? —, por mais que frequentemente se diga que o estar mal já vem de tempos.

De igual maneira, ao final da análise, podemos apostar que se produzam novas formas de solução *sinthomática*. Que não se retorne ao estado anterior do SintHoma: esse é o valor transformador da análise. A identificação ao SintHoma que se espera de uma análise não é da ordem do famoso chiste: "Parar, não parei, mas já não me importo". Não se trata disso!

A ação de uma análise se "mede", se valora, por assim dizer, a partir dessas transformações das formações nodais.

Quanto ao que se espera de uma análise levada a termo e com um eventual passe, podemos, com MB, apresentar uma das formas possíveis do "nó do passe" — essa forma de enodamento que poderia estar correlacionada com um traquejo do analista (ver, p. 152).

Em resumo, aquilo que origina uma demanda de tratamento já é, de algum modo, uma certa falha do nó, certa ruptura de uma solução *sinthomática* que pôde funcionar até o encontro com esse ou aquele acontecimento — *traumático*, digamos — que abala o equilíbrio do "metabolismo do gozo" assegurado por um determinado SintHoma, seja ele de que ordem for.

O SintHoma está ali presente para todos aqueles que conseguem se sustentar no mundo — às vezes, sem dúvida, de formas muito distantes do que se espera de uma *normalidade* — sem se ter deparado com um mal-estar subjetivizado que tenha podido ocasionar uma demanda de tratamento.

Uma análise se dá, portanto, entre dois momentos: entre um primeiro momento de desencadeamento e um segundo momento de formação de um novo encadeamento possível.

■ ■ ■ ■ ■

O que podemos dizer da posição do analista nesse enfoque nodal?

Lacan, no S23, esclarece que o analista é um sintoma. Escreveremos "SintHoma"? Poderemos falar do analista--sinthoma. Mas não se trata do seu SintHoma, e sim da função de sinthoma que ele pode desempenhar para o analisante. Com essa expressão nos referimos, então, ao analista enquanto *partenaire*[2] do analisante.

Não é qualquer um que pode se fazer de SintHoma, que pode sustentar esse "laço sinthomático" que é a transferência analítica — conforme se expressa G. Brodsky, não me recordo onde.

---

[2]Do francês, "parceiro". (N. de T.)

O laço analisante/analista é, pois, um par *sinthomático* sustentado, por um lado, nesse desejo inédito do analista e, por outro, no amor de transferência do analisante.

Há casos clínicos — por exemplo, numa psicose — que indicam claramente que o analista ocupa esse lugar.

Há um caso de psicose que me parece estar se convertendo num caso exemplar pelo trabalho feito com ele por diversos psicanalistas na Argentina. Foi retomado por FS e também por Laura Salinas em seu livro *El analista sinthome en la clínica de las psicosis* [O analista *sinthome* na clínica das psicoses]. Trata-se do "Caso Victor ou Plano Frankenstein", de Pablo D. Muñoz. Está publicado na revista *Ancla, Psicoanálisis y Psicopatología* [Ancla, Psicanálise e Psicopatologia] n. 2, da Cátedra II de Psicopatologia da Faculdade de Psicologia da Universidade de Buenos Aires, em 2008.

Laura Salinas o retoma em seu livro (p. 95-ss) e FS, em *Sinthome* (p. 413-ss). O analista enquanto "companheiro-mago" permite que Victor dê cumprimento a uma pequena intervenção cirúrgica, curto-circuitando assim o seu empuxo a atender ao que o autor do caso chama de realização de um verdadeiro Plano Frankenstein de transformação de seu rosto.

Numa análise, trata-se de "fazer o gozo passar ao inconsciente", isto é, à contabilidade; passagem, pois, do gozo autossuficiente do sintoma ao gozo da decifração, não sem a análise. Como nos lembra FS, trata-se de "que os sintomas fiquem despojados de libido [...] toda libido é forçada a passar dos sintomas à transferência e concentrar-se ali [...]" — assim já se expressava Freud, que via no analista algo como um "condensador de libido".

O analista pode produzir o que podemos chamar de "perturbação da defesa", defesa que pode ser situada como um SintHoma e assim pode ser abordado como uma defesa.

Podemos traçar um determinado percurso:

- *desencadeamento* da neurose, que acarreta uma espécie de desconstrução do SintHoma "normal", o qual pode ser concebido como uma defensa (contra o real);
- *reenodamento* no laço transferencial sinthomático do par analista-analisante;
- *novo desencadeamento*, por emergência do real sintHomático, esperado sobretudo ao final do tratamento;
- *invenção de uma nova solução sinthomática*. Desapego, separação do analista e solução sinthomática que bem pode corresponder à "identificação ao SintHoma".

Identificação ao SintHoma que, sem análise, pode perfeitamente se sustentar na fantasia. No caso de uma neurose não analisada. Isso é o que define o seu estatuto neurótico, porque deixa o *parlêtre* a uma distância não conforme ao exercício de um desejo decidido.

O traquejo com o SintHoma, como vimos, nem que fosse apenas com o caso de Joyce, não é uma propriedade exclusiva da análise.

Lacan fala, por exemplo, de um traquejo da perversão:

> Há neles [os perversos] uma subversão da conduta apoiada num traquejo, o qual está ligado a um saber, ao saber sobre a natureza das coisas, há um acoplamento direto da conduta sexual com o que é sua verdade, isto é, sua amoralidade (Lacan, *Mais, ainda*, S20, p. 117).

Convém salientar novamente que é preciso não confundir a "dimensão real do sintoma" com o SintHoma.

O sinthoma implica um traquejo com a imagem própria e com o *partenaire*. Para um homem, por exemplo, fazendo de sua mulher o seu sintHoma. Mas Lacan deixa claro:

[...] disse que [uma mulher para um homem] era alguma coisa da qual ele nunca sabe se desenrascar. Em outros termos, ele nunca deixa de meter os pés pelas mãos ao abordar qualquer uma delas [as mulheres] — seja porque se enganou, seja porque era justamente essa que lhe fazia falta. Mas ele nunca se dá conta disso, a não ser ulteriormente. (J. Lacan, "Conferência de Genebra sobre o sintoma")

Em termos gerais, o sinthoma não analisado — se me permitem dizer assim — é solidário à consistência da *père-version* (pai-versão) que outorga consistência ao gozo do Outro, que não existe.

Considera-se um analista-sinthoma, então, o analista como sinthoma para um analisante. E isso nos levou a interrogar acerca de um enodamento que, ao final da análise, seria o sustentáculo desse traquejo que, quando se conjuga com o desejo inédito de analista, pode produzir a *chance*[3] de "que haja analista".

Podemos dizer que esse nó do "traquejo" do analista implicaria certo traquejo com o real do nó para orientar-se em sua prática.

Quanto ao sintoma (sem "h"), devido ao mal-estar que causa com a sua repetição, ele pode levar a uma demanda de tratamento. Aposta-se em sua redução, em reduzir o seu mal-estar, o que implica certa desvalorização de seu gozo, do gozo do sintoma (sem "h"). Ali se pode ler o que constitui o valor terapêutico de uma análise, ou, caso queiram, o ganho de "bem-estar", de "satisfação" que se pode esperar de uma análise.

No início de *L'insu...* (S24), Lacan afirmava — e logo voltaremos a isso, na terceira parte de nosso passo a passo — que, se o paciente ia bem, não era preciso ir mais longe. Obter esse efeito de "ir bem" — efeito terapêutico, sem

---

[3]Do francês, "oportunidade". (N. de T.)

dúvida — não se produz sem uma reacomodação do enodamento e, por conseguinte, do sinthoma...

Lacan faz do SintHoma, em sua função de nomeação, um designador rígido do simbólico.

Mas convém distinguir, pois há nomeações e nomeações. Basta recordar a diferença entre uma forma de nomeação de tipo descritivo (B. Russell) e uma nomeação de tipo "designador rígido" (Kriple) — ver o seminário sobre *A identificação* (S9).

Ao privilegiar o sintoma em suas distintas vertentes, *quid* da fantasia?

Dar ênfase ao tratamento do sintoma não quer dizer deixar de lado a fantasia, porque o sinthoma (neurótico, seguramente) se sustenta na fantasia. Podemos postular que apostar num sintoma de fim de análise é sempre apostar num sintoma que se desprendeu do "enlace" da fantasia como único sustentáculo do desejo do sujeito. É o que pode conferir acesso a um desejo decidido.

A diferença de uma subjetividade sinthomatizada que não passou pela análise é que a solução sinthomática que garante certa estabilidade não desvinculou o desejo da fantasia da existência de um Outro não barrado, ainda que sem dúvida seja possível se virar com isso no social.

O social, em particular através da hegemonia do discurso capitalista, já colocou radicalmente à prova o fantasiamento de um Outro consistente, aquele que se sustenta na neurose clássica, se me permitem dizer. A consistência de um Outro foi duramente posta em questão, ao menos na atualidade de nossa "área civilizada ocidental".

Mas, em contrapartida, o discurso capitalista, como sabemos, não cessa de alimentar a fantasia com sua negação da castração, sua negação do impossível estrutural e seu nada querer saber das coisas do amor. Coisas do amor que, caso se jogue com a regra de jogo adequada (ver aqui "Os nós do amor", na intervenção de janeiro), sempre confrontam com esta castração: a do um e a do *partenaire*.

Esse discurso, como já aprendemos, promove uma perseguição insaciável do impossível, que, na produção capitalista, assume a forma do empuxo ao consumo, como via ilusória de obter uma satisfação. Mas, na realidade, ele não faz outra coisa além de alimentar — e ele retroalimenta indefinidamente — uma sede insaciável. Sempre costumo recordar o que foi evocado pelo engenhoso S. Žižek na forma do "efeito Coca-Cola": caso se esteja com sede, bebe-se Coca-Cola e mais sede se tem.

Dentro do contexto dessas reflexões dispersas, seria então preciso diferenciar entre a estabilidade (um tanto rígida) do sinthoma pré-analítico e a estabilidade e flexibilidade, *souplesse*, do sinthoma pós-analítico.

No (S23), Lacan fala em nó "rígido" — já o presentamos (ver p. 52) — e o acompanha com o seguinte comentário: "é um tipo de implantação da rigidez. Possivelmente a palavra *cadeia* o representifique, se podemos dizer assim, porque uma cadeia é, de toda forma, algo rígido" (S23,103).

Aqui Lacan alude a certa rigidez da cadeia que se oporia, em contrapartida, à sua *souplesse*, uma "plasticidade" ou "elasticidade" que, apesar disso, seria própria de todo nó: "[...] a cadeia em questão só pode ser concebida como muito flexível (*souple*)" (S23, 103).

Com efeito, essa distinção não tem cabimento ao falar do nó em sentido propriamente topológico: a cadeia-nó sempre é *souple*, elástica; ela pode ser estirada, retorcida, invertida etc.

Essas formas de "rigidez" podem ser evocadas, sem dúvida, a partir da clínica: para a histeria; para a paranoia e sua "fortaleza"; e também, é claro, para evocar as fortalezas erigidas pela neurose obsessiva, com a sua consciência de *sim-thoma*, como engenhosamente se expressa FS.

■ ■ ■ ■ ■

Esta é também uma ocasião para me referir a um ponto que frequentemente é objeto de debate em nossa comunidade.

Estou me referindo à distinção entre o final de uma análise e o passe. Está claro, ao menos para mim, que nem todo fim de análise leva a uma "passagem". E, inclusive, que poderia haver passe sem final — ainda que isso seja mais questionável, ao que me parece.

Em todo caso, o que podemos afirmar é que não há final sem prévio atravessamento da fantasia.

Mas o final, localizado como "identificação ao sintoma" (ou ao SintHoma, como convencionamos expressar) não implica necessariamente uma "passagem a analista", nem presta contas da emergência do desejo inédito do analista.

De acordo com o que se pode ler a partir do "Prefácio à edição inglesa do *Seminário 11*", de 1976, sem dúvida se pode considerar que o passe que atualmente nos ocupa — e nos preocupa — pode ter como condição atingir o final como passagem para o inconsciente real. Mas será que isso engendraria, necessariamente, um desejo de analista? Claro que não!

Para Lacan, a escolha por ocupar a posição de analista, como sabemos, parecia bem esquisita. Por isso ele inventou o passe: não para mensurar o final de uma análise ou a performance de um analista enquanto tal, enquanto clínico.

Por que alguém escolhe ser analista precisamente quando sabe algo do destino de "dejeto" que, a esse alguém, irá competir ao escolher ocupar essa posição?

Lacan inventou o passe para saber algo desse "desejo inédito" do analista.

Nada impede que alguém — depois de um fim de análise, digamos, por assim dizer, bem adequado — escolha fazer de sua vida outra coisa, que não vir a oferecer-se no lugar de analista.

A pessoa pode se dedicar a muitas outras coisas no mundo, e em particular a estas sublimações que são do gosto da "civilização/cultura": pintar, escrever, dedicar-se à investigação científica e também a qualquer obra não necessariamente tão sublime, que se reflita no exercício decidido do ofício — seja ele qual for — e na assunção decidida de seu modo singular de gozo.

■ ■ ■ ■ ■

Vamos parar por aqui e continuaremos no primeiro semestre de 2019 com outras seis e últimas intervenções. Terminaremos assim o programa de nosso *Passo a passo*... — ainda que restem, sem dúvida, pontas soltas — da abordagem do método borromeano como condição para encarar as suas incidências clínicas

Trata-se de um caminho que levou Lacan a uma nova definição do inconsciente: o "nosso" inconsciente, diz ele, não é o mesmo que o de Freud. E ele tornará a batizá-lo, no seminário *L'insu...* (24), como *L'une bévue* — transliteração, para o francês, do alemão *Unbewusste*.

Une bévue... Como traduzir? Um fracasso? Em todo caso, um inconsciente que nos confronta com um *"Insu"* (um não saber, um não sabido) estrutural. Furo da estrutura da *Urverdrängung* que, com a escrita nodal, se tornou "operativo".

■ ■ ■ ■ ■

Veremos mais adiante, a partir do final deste *Passo a passo*, se é possível prever em nosso FPB — ou onde quer que seja — a abertura de uma espécie de laboratório, ateliê ou seminário clínico — ou como quer que venha a se chamar — no qual haja espaço para a participação de quem quiser apresentar casos clínicos, desenvolver algum ponto específico do método nodal, voltar a trabalhar sobre algumas questões que tenhamos formulado ao longo deste *Passo a passo*. Esse novo espaço poderá, portanto, programar-se já a partir do primeiro trimestre do período de 2019/2020.

Conviria contar, para o caso em questão, com a participação daqueles colegas — e eles sem dúvida existem — que trabalharam com o "método nodal" em nossa comunidade do Campo Lacaniano ou em outras associações analíticas.

Teremos de conceder um lugar privilegiado àqueles que, dentre nós, em Barcelona, vêm trabalhando há anos com essas questões — mencionemos, em particular, J. Monseny e C. Bermejo —; e, claro, a quem nos acompanhou em nosso *Passo a passo*: Jorge Chapuis.

Levaremos em conta os avanços de nossos colegas do Laboratório sobre os nós que foi convocado por M. Strauss e B. Nominé; laboratório que se reúne uma vez por ano em Baveno, na Itália — até hoje já foram realizados dois encontros, em julho de 2017 e em julho de 2018.

Fica em aberto, no entanto, a agenda do nosso terceiro e último *Passo a passo* durante o primeiro semestre de 2019, que irá de *L'insu...* (S24) até o final do ensino de Lacan.

Teremos como ponto de partida o *L'Insu...* (S24), em **16 de novembro de 1976**, quando Lacan afirma que "este ano, com este *L'insu...*, digamos que tento introduzir alguma coisa que vai mais longe que o inconsciente."

Boas férias, então. Continuem praticando com os nós, quebrando as mãos e a cabeça. É necessário, lembremos, *"s'y rompre au noeud"*... fazendo-os e desfazendo-os, errando e falhando.

À *suivre...* encontro no primeiro semestre de 2019.

Anexo 1

O nó "reconstituído" de Joyce

Jorge Chapuis

No final do seminário 23, *O sinthoma*, ao terminar a lição de **11 de maio de 1976** chamada de "A escrita do ego" (na versão Zahar e Seuil), aparece um diagrama de nó que não é coerente com outras versões do mesmo seminário.

Transcrevemos a versão Zahar (S23, 151) do parágrafo que o precede:

> Coisa fantástica, o próprio Joyce não diz outra coisa. É totalmente legível em Joyce que a epifania é o que faz com que, graças à falha, inconsciente e real se enodem. Há um último esquema que posso, de todo modo, desenhar para vocês. Se aqui está o ego como o desenhei para vocês há pouco, nós nos encontramos na condição de ver o nó borromeano se reconstituir. A ruptura do ego libera a relação imaginária, pois é fácil imaginar que o imaginário cairá fora, uma vez que o inconsciente lhe permite isso incontestavelmente

reconstituição do nó borromeano

Fig. A1.1: Nó "reconstituído" de Joyce na versão Zahar (S23, 151).

Muito mais explícito é o texto que encontramos na versão de P. Valas — estabelecida a partir das versões estenográficas —, praticamente idêntica à da AFI.

> Chose fantastique, Joyce, lui-même, n'en parle pas autrement. C'est tout à fait lisible dans Joyce que l'épiphanie, c'est là ce qui fait que grâce à la faute, inconscient et Réel se nouent. C'est quelque chose que... c'est pas ce que je voulais vous faire entendre, il y a quelque chose que je peux quand même vous dessiner. Si vous savez un peu... si vous avez vu un nœud borroméen, il vous indique ceci:[1]

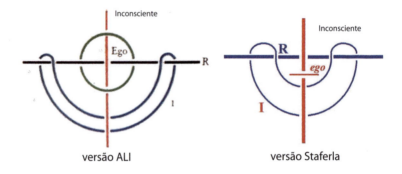

Fig. A1.2: Nó "reconstituído" segundo ALI / Staferla (website de P. Valas).

> C'est que si, ici, c'est l'ego tel que je vous l'ai dessiné tout à l'heure, nous nous trouvons en posture de voir se reconstituer strictement le nœud borroméen, sous la forme suivante:
> - ici c'est le Réel,
> - ici c'est l'Imaginaire,

---

[1] "Uma coisa fantástica é o fato de que o próprio Joyce não fale disso de outra maneira. É totalmente legível, em Joyce, que a epifania... está aí o que faz com que, graças à falha, inconsciente e Real se enodem. É uma coisa que... não é o que eu queria fazer vocês entenderem escutando; tem algo que, no entanto, eu posso desenhar pra vocês. Se vocês sabem um pouco... se viram um nó borromeano, ele indica a vocês isto aqui:". (N. de T.)

- ici c'est l'inconscient et,
- ici c'est l'ego de Joyce.

Vous pouvez facilement voir sur ce schéma, que la rupture de l'ego libère le rapport imaginaire.

Il est facile en effet, d'imaginer que l'imaginaire foutra le camp, foutra le camp par ici, si l'inconscient, comme c'est le cas, le permet. Et il le permet incontestablement.[2]

Há um quarto desenho na versão digital da AFI, na qual aparece um nó com 5 cordas. Ele parece conjugar as duas versões, se supomos que o ego foi desenhado de duas formas possíveis. Nós a descartamos em nossos procedimentos.

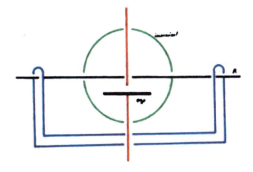

Fig. A1.3: Versão AFI digital

A discordância é ampla. Para averiguar a que tipo de nó correspondem os 3 casos (Seuil/Zahar, Staferla, ALI), primeiro nós os homogeneizamos colorindo as cordas de acordo com a nossa codificação (R em azul; S em vermelho; I em verde; ego/quarta corda em preto), depois fechamos

---

[2] "É que se aqui está o ego, tal como desenhei pra vocês agora mesmo, nós nos encontramos em posição de ver o nó borromeano reconstituindo-se estritamente, na seguinte forma: — aqui está o Real, — aqui está o Imaginário, - aqui está o Inconsciente e — aqui está o ego de Joyce. Vocês podem facilmente ver nesse esquema que a ruptura do ego libera a relação imaginária. É, de fato, fácil imaginar que o imaginário vá dar o fora, vá dar o fora por aqui — se o inconsciente, como é o caso, o permite. E ele permite, incontestavelmente". (N. de T.)

os nós emendando as RIs correspondentes para, por fim, comprovar se eles são ou não são borromeanos.

Em contrapartida, o nó do ego reparador não apresenta divergências nas distintas versões de S23, parece que ele sempre foi registrado de modo similar:

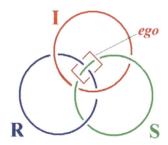

Fig. A1.4: Nó do Ego que corrige. Versões D. Cheuvelet e Staferla.

Apresentamos na figura anterior uma versão muito pouco conhecida das cópias estenográficas de Diana Cheuvelet colorida e a da Staferla.

NÓ RECONSTITUÍDO NA VERSÃO ZAHAR/SEUIL

O diagrama do nó reconstituído (S23, 151) conserva o cruzamento de S por cima de R — do nó do "Ego que corrige" (S23, 148) —, mas inverte o cruzamento entre I e R, situando R por cima de I e a S por baixo de I.

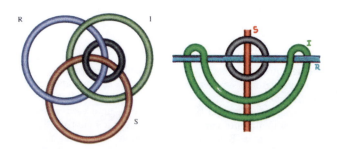

Fig. A1.5: Nó do Ego e nó reconstituído (colorido) em Zahar/Seuil.

O nó reconstituído foi registrado sem cor e sem letras indicadoras nessa versão. Nós o colorimos seguindo a lógica do entrecruzamento do Ego com S e com R, no cruzamento correspondente ao reparo do lapso, que parece corroborada pelo texto: "Se aqui está o ego como o desenhei para vocês há pouco [...]". S e R aparecem agora como retas infinitas.

Em seguida, fecharemos as retas infinitas — seguindo as "normas" de fechamento (ver p. 85-86) — para comprovar se a cadeia correspondente é ou não é borromeana. Depois deformamos o cadenó até uma forma encadeada mais reconhecível e simples de comprovar.

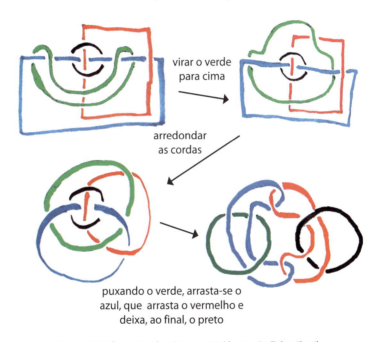

Fig. A1.6: Deformação do nó reconstituído, versão Zahar/Seuil.

Para verificar a borromeidade, cortaremos uma a uma as quatro cordas e verificamos o resultado.

Fig. A1.7: Comprovação cortando I e Ego. Não é NBo4.

Ao cortar qualquer uma das cordas dos extremos, resulta um NBo3 e uma corda solta. Ao cortar qualquer uma das cordas centrais, todo o nó se desarma.

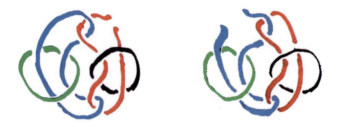

Fig. A1.8: Comprovação cortando S e R. Não é NBo4.

Conclusão: o nó de partida não corresponde a um nó borromeano de quatro cordas.

NÓ RECONSTITUÍDO VERSÃO ALI

O diagrama dessa versão conserva o cruzamento de S por cima de R (lapso que o Ego repara).

Igual à Zahar, ela inverte o cruzamento entre I e R situando R por cima de I; porém, em contrapartida, mantém S por cima de I.

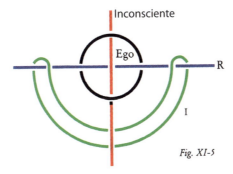

Fig. A1.9: Nó reconstituído colorido na versão ALI, p. 174, aqui colorido ao nosso modo.

Procedemos igual a antes: fechamos as retas infinitas e deixamos de uma forma mais simples de comprovar.

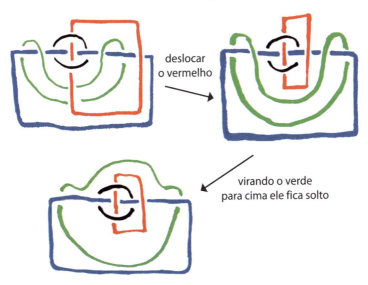

Fig. A1.10: Comprova-se que o verde fica solto. Não é NBo4.

Em somente dois movimentos a corda verde (I) se solta, deixando um nó borromeano de três formado pelas cordas restantes. Nesse caso também não se trata de uma cadeia borromeana com quatro cordas (NBo4).

NÓS DE JOYCE VERSÃO STAFERLA
(P. Valas)

Este diagrama, nós o encontraremos nessa versão do S23, p. 211. Trata-se do mesmo diagrama que M. Bousseyroux apresenta em *Lacan el borromeo* [Lacan, o Borromeano], cap. 20, p. 405. Trata-se do diagrama que ele chama de "em cruz de Lorena".

Nós também o colorimos seguindo a nossa codificação habitual. MB marca a reta correspondente ao Simbólico (S) como Inconsciente (Ics), e a do Imaginário (I) com a anotação "corpo".

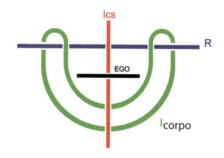

Fig. A1.11: Nó reconstituído. S23, versão Staferla (P. Valas)

A dificuldade para fechar esse diagrama está no fato de que o Ego foi desenhado como reta infinita e não se especifica como essa RI se comporta em relação à corda verde (I): há várias possibilidades. Decerto, antes de mais nada devemos cuidar para que, ao prolongá-las e depois emendá-las, nenhuma das cordas se enlacem duas a duas, como dita a regra.

Apresento aqui todas as possibilidades, que se reduzem a quatro:

- Fechamento 1: Ego por cima de I,
- Fechamento 2: Ego por baixo de I
- Fechamentos 3 e 4: Ego alternando por cima e por baixo, de modo simétrico.

Revelamos os outros dois possíveis prolongamentos alternados não simétricos, visto que enlaçam Ego com I, descumprindo a regra de prolongação das retas infinitas.

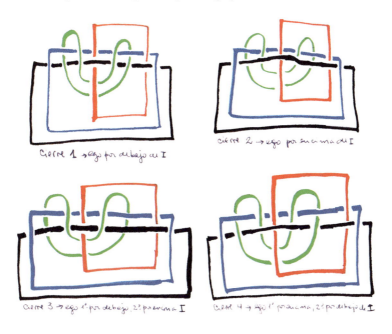

Fig. A1.12: Fechamento dos 4 casos possíveis de prolongar a RI do Ego.

Nos 4 casos expostos, desenhamos a emenda das duas RIs paralelas, passando a azul (R) por cima da preta (Ego). Esse cruzamento (R com Ego) é irrelevante, já que fazê-lo ao contrário produz o mesmo nó, como se pode comprovar só olhando. O importante: acaso algum de esses fechamentos corresponderá a um nó borromeano de 4 cordas? Vejamos...

Fechamento caso 1:

Prolongar a corda preta (Ego) por baixo da verde (I) e os extremos se fecham. Depois fecham-se a vermelha (S) e a azul (R) cuidando para não enlaçar nenhuma corda com nenhuma outra (condição de RI).

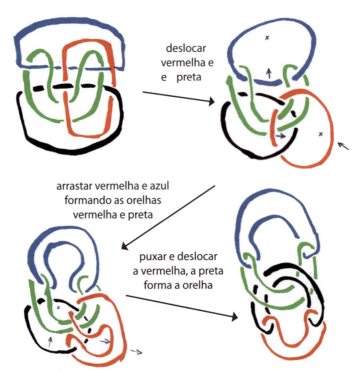

Fig. A1.13: Deformação do *caso 1*. NBo4 do tipo SintHoma.

Conseguiu-se um verdadeiro nó borromeano! Trata-se de um NBo4 do tipo SintHoma (Σ). Utilizando a codificação de M. Bousseyroux, seria um S+Σ x R+I.

Fechamento caso 2:
Neste caso, não se produz nenhum encadeamento e as cordas ficam soltas.

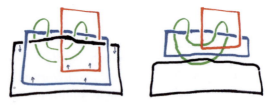

Fig. A1.14: Deformação do *caso 2*. Não há encadeamento.

Fechamento casos 3 e 4:

Em ambos os casos, o resultado é similar ao que acontece com o fechamento da versão ALI (p. 240).

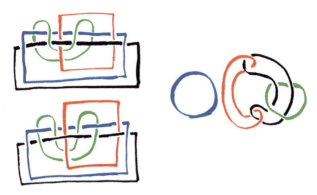

Fig. A1.15: Deformação dos *casos 3 e 4*. Não há NBo4.

Naquele caso, a verde ficava solta (I); neste, a azul (R) se solta e as outras três cordas formam um borromeano NBo3.

■ ■ ■ ■ ■

Assim, podemos concluir que a afirmação de Lacan — segundo a qual, no fim, Joyce reconstrói um borromeano — sustenta-se topologicamente no diagrama em "cruz de Lorena", ainda que somente se a RI do ego se prolongar "por baixo" da corda I. Para qualquer outro tipo de fechamento da "cruz de Lorena" não há nó borromeano. Tampouco há borromeano nos diagramas que se apresentam nas versões do S23 da Zahar/Seuil, nem a versão ALI.

Nós também podemos nos perguntar algo mais: que transformações é preciso fazer para que o nó do ego se converta no nó em cruz de Lorena? S e R converteram-se em retas infinitas, o que faz com que elas se desenlacem — uma espécie de *contralapso* SR que os separa. Mas isso não é suficiente para recuperar um borromeano. Além disso, é necessário que o Ego *privilegie* a sua consistência — *fundindo* furo e ex-sistência —, fazendo-se RI. Que o Ego, por assim dizer, *esqueça* o seu furo para que só então Joyce possa se impor como borromeano.

TRANÇA

Também podemos fazer o exercício de construir a trança correspondente ao nó em cruz de Lorena no *caso 1* — aquele com o qual se obtém um NBo4.

Há interesse em mostrar como se realizam os cruzamentos que não estão no diagrama original e que cumpre acrescentar quando se prolonga a reta do Ego para conseguir um encadeamento borromeano.

Além disso, é útil para ver na prática como a homologia nó/trança funciona: podemos conseguir uma trança homóloga a determinada cadeia. Ainda que saibamos que essa trança não é única, essa cadeia poderia provir de muitas outras tranças — de infinitas, na realidade.

Vou comentar o procedimento. Primeiro prolonguei as retas infinitas, deixando-as numa posição tal que se ordenem como os fios numa trança: a mesma sequência dos fios no topo e na base (no caso, direita e esquerda). É preciso cuidar para que os inevitáveis cruzamentos acrescentados sigam a regra de não enlaçar as consistências duas a duas.

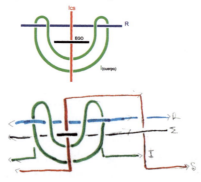

Fig. A1.16: Prolongamento das retas infinitas no *caso 1*.

Dando um giro no diagrama, será possível desenhar mais comodamente a trança com topo em cima e base embaixo.

Numeramos os pontos de cruzamento, de modo que, ao desenhar a trança, seja conservada a sequência dos cruzamentos para cada corda.

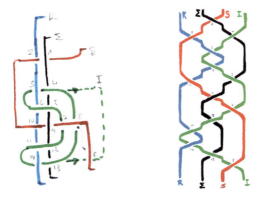

Fig. A1.17: Traçado da trança correspondente ao *caso 1*.

Para comprovar que se trata de uma trança *brunniana* (quer dizer, uma trança que corresponde a uma cadeia borromeana), basta desenhar quatro vezes a mesma trança suprimindo, em cada caso, uma das cordas.

Na *Fig. A1.18*, à esquerda está a trança a ser comprovada e à direita, quatro diagramas da mesma trança — em cada um dos quais se suprimiu um fio. Umas flechinhas cinzas na base de cada diagrama indicam como deslocar os fios para visualizar que não estão encadeados.

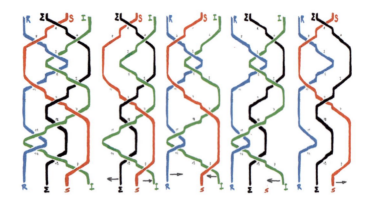

Fig. A1.18: Comprovação de que o *caso 1* corresponde a uma trança *brunniana* de 4 fios (equivalente a um NBo4).

ANEXO 2

Lapso no nó de trevo

Jorge Chapuis

No Capítulo VI de *O sinthoma* (S23), na versão Seuil e Zahar intitulado "Joyce e as falas impostas", Lacan ensaia as variações do nó de três (uma só consistência, não menos de três entrecruzamentos), chamado de "nó de trevo" devido ao fato de, em sua forma mais comum, ele parecer um de trevo. Esse nó é estritamente um nó (*knot*) de uma única corda, não se trata de uma cadeia (cadeia = *link* = duas ou mais cordas). Lacan o utiliza como nó da paranoia e da personalidade. Apesar de se tratar de uma única consistência, às vezes convém apresentá-lo colorido para ressaltar a continuidade e, ao mesmo tempo, o entrecruzamento de RSI. Esse nó pode apresentar uma forma levogira ou dextrogira; elas não são transformáveis uma na outra por deformação, sem recorrer a cortes/emendas.

Fig. A2.1: Nó de trevo colorido mantendo o triskel S>I>R>S...
Forma simples e forma em 8 mantendo o cruzamento S>I, I>R, R>S.

Lacan, em *O sinthoma*, utilizará essas duas formas equivalentes mais usuais do nó de trevo para mostrar como uma estrutura em *nó de três* responde quando fracassa, ao produzir-se um *lapso*. Rithée comenta extensamente, a partir da p. 98, os dois tipos de reparo que se podem conseguir adicionando uma consistência.

É bastante simples reconhecer o processo quando o reparo se produz em quaisquer dos dois cruzamentos que não conseguem deter o fracasso do nó de trevo, isto é, quando não se consegue manter os três cruzamentos que conservariam um triskel: trata-se do tipo de reparo que chamamos de *não sinthomático*. Nesse caso, não há triskel na forma mais simples. O encadeamento que resulta é simétrico, de modo que as duas consistências que compõem a cadeia são equivalentes (ver figura na p. 101). Isso se associa ao fato de não haver uma relação/proporção ou proporcionalidade:

> O que chamo de "equivalência"? Depois do que já avancei a respeito da relação [ou proporção] sexual, não é difícil sugerir que, quando há equivalência, não há relação. (S23, 96)

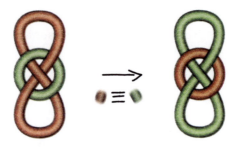

Equivalência por inversão do vermelho e do verde

Fig. A2.2: Há equivalência entre o laranja e o verde (S23, 96), transformação por deformação.

Quando o reparo se realiza no cruzamento adequado — mediante a consistência que ele chama de *sinthomática* (S23, 96, Zahar) —, a estrutura do de trevo se sustenta. Nesse caso, não é tão evidente o processo de deformação que leva da primeira forma em duplo oito à outra forma não equivalente.

Nó chamado "em forma de oito"   Não equivalência por inversão do vermelho e do verde

Fig. A2.3: Não há equivalência entre o laranja e o verde (S23, 97-98), transformação por deformação.

Antes de apresentar um caminho — há vários possíveis — para ir de uma forma à outra, convém comprovar que a primeira forma em duplo oito efetivamente provém — é equivalente —, por deformação, do de trevo fracassado e reparado *sinthomaticamente*.

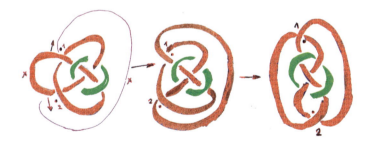

Fig. A2.4: A corda verde permanece sempre igual. Mantendo fixos os pontos 1 e 2, passa-se o ramal marcado com o X por cima do cadenó, depois se deforma levando 1 e 2 ao centro para conseguir uma forma simétrica.

Vejamos agora o percurso por deformação:

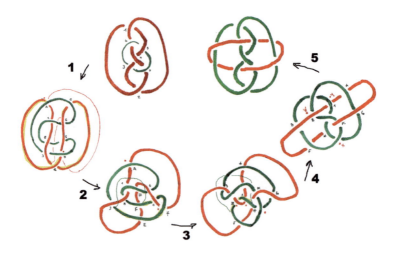

Fig. A2.5: Não equivalência entre as figuras das p. 96 e 97 (S23, Zahar). Mostração por deformação em cinco passos.

O propósito dessa deformação é converter a corda laranja em forma de 8 numa forma circular, em consequência do que a verde se deformará. No primeiro passo, a partir da figura da p. 96, separam-se as duas partes superiores da corda laranja, com o que a corda verde se deforma. No passo 2, passa-se um ramal da corda laranja por cima de todo o nó e se desloca o outro ramal. O processo pode continuar com mais precisão mediante os numerozinhos que assinalam os cruzamentos e a indicação dos ramais deformados. No passo 3, retorce-se o ramal assinalado da corda verde. No passo 4, passa-se um ramal da verde por cima. No passo 5, somente acomodam-se as cordas à forma simétrica para permitir a comparação.

Cronologia

PRÉ-HISTORIA DO NÓ RSI

(primeira parte deste seminário)

- Seminário 19, *...ou pior* (S19)
- Seminário 20, *Mais, ainda* (S20)
- Seminário 21, *Les non-dupes errent* (S21)

9 de fevereiro de 1972: Encontro de Lacan com o nó. Escreve, pela primeira vez, um nó de três. (S19)

3 de março de 1972: Lacan escreve um nó de três pela primeira vez. (S19)

10 de março de 1972: O fracasso do "dois". (S19)

15 de maio de 1973: Diversas representações do nó e apresentação de um nó de treze elos (S20, *Figura 6*). Nó de trevo. Duas disposições de acoplar os eixos (dextro e levo). Apresentações de enlace de dois elos. (S20, Cap. 10)

22 de outubro de 1973: Respostas a perguntas de J.-A. Miller. Novas apresentações do nó, da cadeia de dois elos e outros... (S20, Cap. 10)

13 de novembro de 1973: Primeira sugestão de identificar os elos do nó borromeano às dimensões dos registros R, S e I. Nós dextrogiro e levogiro. Autocrítica de Lacan. (S21)

14 de maio de 1974: Nós dextrogiro e levogiro. (S21)

11 de dezembro de 1973: Nó RSI. No inconsciente não há cadeia de significantes, há Uns, enxame de Uns, autocrítica de Lacan. (S21)

18 de dezembro de 1973: Os nós do amor. Nó olímpico e papel central do elo do meio. (S21)

8 de janeiro de 1974: Retoma a distinção nó dextrogiro e levogiro. Nós do amor. (S21)

15 de janeiro de 1974: Por que o real é três...? Porque não há relação/proporção sexual. (S21)

12 de março de 1974: Definição de corpo gozante. Os nós do amor. (S21)

■ ■ ■ ■ ■

LAPSOS, SUPLÊNCIAS, NOMEAÇÕES

(segunda parte deste seminário)

- "A terceira"
- Seminário 22, *RSI* (S22)
- Seminário 23, *O sinthoma* (S23)
- Conferências em universidades norte-americanas.

1º de novembro de 1974: Espaço borromeano, dimensões enodadas, trança. Localização e atribuição de diversos conceitos, os gozos como irrupções de um registro em outro no nó RSI aplanado. ("A terceira")

10 de dezembro de 1974: Lacan escreve o nó de três identificando, "nomeando" e colorindo cada uma das consistências como R, S ou I. Nó borromeano ao mínimo, isto é, de três anéis. Escrita *"mise à plat"*, aplanamento. (S22)

10 de dezembro de 1974: Localização dos gozos no nó como irrupções de um registro em outro: JΦ, gozo fálico; JA, gozo do Outro (S22). Também mais tarde em (S23, 16/12/1975).

14 de janeiro de 1975: Nó *"freudiano"* segundo Lacan. (S22)

21 de janeiro de 1975: Nova apresentação do nó aplanado de "A terceira". (S22)

11 de fevereiro de 1975: Apresentação de consistência, furo e ex-sistência. Também em 18/2/1975. (S22)

11 de fevereiro de 1975: Localização do sentido, entre Imaginário e Simbólico. (S22)

11 de fevereiro de 1975: Erro de Lacan, também em 13/5/1975. (S22)

18 de fevereiro de 1975: Nó de Lacan, com Nomeação simbólica e real. (S22)

11 de março de 1975: Não passemos mais o Simbólico na frente do Imaginário. S passa por baixo do Real e embaixo do Imaginário. (S22)

11 de março de 1975: Outra apresentação do nó com quatro. Sempre com S por baixo de R e R por baixo de I: S<R<I. (S22)

18 de março de 1975: Lacan menciona que M. Thomé encontrou o "erro" da *Figura 6* de *Mais, ainda*. (S22)

13 de maio de 1975: Apresentação do nó com 4. Última aula de *RSI*. (S22)

13 de maio de 1975: O nó: enlace para não se enlaçar. Exemplo de erro de enodamento de nó com 4. (S22)

16 de junho de 1975: Conferência "Joyce, o sintoma".

18 de novembro de 1975: Nó de três RSI. Empilhamento S<R<I não enodado e enodado com nomeação simbólica (meia-lua que bordeja S). Escrita de "*sinthome*". Nó do acoplamento *Sinthoma*+Simbólico. (S23)

25 de novembro de 1975: Apresentação de uma forma do NBo4. Conferência na Universidade de Yale.

1º de dezembro de 1975: As dimensões/di(z)menções embutidas de modo borromeano. Conferência "O sintoma", Universidade de Columbia.

O CASO JOYCE

16 de dezembro de 1975: Escreve JΛ, em vez de JA, entre R e I: o furo verdadeiro. (S23)

10 de fevereiro de 1976: Nó de trevo, lapso e correção. Também em 17/2/1976. (S23)

17 de fevereiro de 1976: Equivalência por inversão, Nó de Whitehead, Nó da fantasia. O *sinthoma* borromeano. (S23)

16 de março de 1976: O Nome-do-Pai é algo leve. (S23)

11 de maio de 1976: Joyce: o ego que corrige e a reconstituição do nó borromeano. (S23)

17 de maio de 1976: Referência a James Joyce, sua arte e a psicanálise. "Prefácio à edição inglesa do *Seminário 11*".

■ ■ ■ ■ ■

31 de outubro de 1976 e 2 de novembro de 1976: O furo falso, o 2 é suspeito, cumpre chegar ao 3 para que se sustente. (*Lettres EF*)

16 de novembro de 1976: "[...] ir além do inconsciente". (S24)

18 de janeiro de 1977: Trança com seis movimentos. Aberturas e fechamentos. (S24)

11 de abril de 1978: Relação entre gerações vizinhas, em *Momento de concluir*. (S25)

16 de dezembro de 1978: Cifração da paranoia. (S25)

10 de janeiro de 1978: Face real do inconsciente, em *Momento de concluir*. (S25)

9 de janeiro de 1979: Tranças, em *A topologia e o tempo*. (S26)

13 de março de 1979: Nó borromeano generalizado. (S26)

Referências bibliográficas

Allouch, Jean (2009) *O amor Lacan*. Trad. P. Abreu. Rio de Janeiro: Companhia de Freud, 2010.

Abbott, Edwin A. (1884) *Planolândia: um romance de muitas dimensões*. Trad. L. S. Mendes São Paulo: Conrad, 2002.

Bousseyroux, Michel. *Au risque de la topologie et de la poésie. Élargir la psychanalyse*. Toulouse: érès, 2011. [Em castelhano: *A riesgo de la topología y la poesía (Pliegues monográfico n°9)*, edição do FFCLE-F9, 2017].

_____. *Lacan le borroméen: creuser le noeud*. Toulouse: érès, 2014 [Em castelhano: *Lacan el borromeo. Ahondar en el nudo*. Barcelona: Ediciones S&P, 2016]

_____. *Penser la psychanalyse, Marcher droit sur un cheveux*. Toulouse: érès, 2016. [publicação em castelhano prevista para 2018 pela S&P ediciones].

_____. *La réson depuis Lacan*. Paris: Stilus, 2018.

Brachet, M. E.; Clark di Leoni, P.; Mininni, P. D. "Helicity, topology, and Kelvin waves in reconnecting quantum knots", *Physical Review A* 94, 043605. Estados Unidos da América: American Physical Society, 2016.

Bruno, Pierre. *Referência do original* [Em castelhano: *Un psicoanálisis puesto a prueba*. Barcelona: Ediciones S&P, 2015]

Chapuis, Jorge (colab. R. Cevasco) [2014] *Guia topológico para o "O aturdito" — Um abuso imaginário e seu além*. Trad. P. S. de Souza Jr. São Paulo: Aller, 2018.

Deligny, Fernand. *Oeuvres*. Estab. e apres. S. Á. de Toledo. Paris: Ed. L'Avachéen, 2007.

Fierens, Christian. *Lectura de L'étourdit. Lacan 1972: sexuación y discursos, el muro de lo imposible*. Barcelona: Ediciones S&P, 2012.

_____. *Lecture du sinthoma*. Toulouse: érès, 2018.

Frucella, María Laura. *El corazón de la letra: la controversia Derrida-Lacan*. Barcelona: Ediciones S&P, 2016.

Indart, Juan Carlos; Benito, Eduardo; Gasbarro, Cecilia; Klainer, Esteban; Rubinetti, Cecilia; Vitale, Fernando. *Sinthome e imagen corporal. En torno a casos clínicos*. Buenos Aires: Grama, 2018.

Joyce, James (1914) *Dublinenses*. Trad. C. Galindo. São Paulo: Companhia das Letras, 2018.

_____. (1916) *Um retrato do artista quando jovem*. Trad. C. Galindo. São Paulo: Companhia das Letras, 2016.

_____. (1922) *Ulysses*. Trad. C. Galindo. São Paulo: Companhia das Letras, 2022.

_____. (1939) *Finnegans Wake/Finnicius Revém*. Trad. D. Schuler. São Paulo: Ateliê Editorial, 2003.

_____. (póstumo, 1944) *Stephen herói*. Trad. J. R. O'shea. São Paulo: Hedra, 2012.

_____. (1918) "Exílios". In: *Exílios e poemas*. Trad. C. Galindo. São Paulo: Companhia das Letras, 2022.

_____. (1956) *Epifanias*. Trad. T. Tadeu. Belo Horizonte: Autêntica, 2018.

Lacan, Jacques (1966) "Formulações sobre a causalidade psíquica" [1946]. In: *Escritos*. Trad. V. Ribeiro. Rio de Janeiro: Editora Zahar, 1988, p. 152-194.

_____. (1966) "O tempo lógico e a asserção de certeza antecipada: Um novo sofisma" [1945]. In: *Escritos*. Trad. V. Ribeiro. Rio de Janeiro: Editora Zahar, 1988, p. 197-213.

_____. (1966) "De uma questão preliminar a todo tratamento possível da psicose" [1957-58]. In: *Escritos*. Trad. V. Ribeiro. Rio de Janeiro: Editora Zahar, 1988, p. 537-590.

_____. (2001) "O aturdito". In: *Outros escritos*. Trad. V. Ribeiro. Rio de Janeiro: Editora Zahar, 2003, p. 448-497.

_____. (2001) "Lituraterra" [1971]. In: *Outros escritos*. Trad. V. Ribeiro. Rio de Janeiro: Editora Zahar, 2003, p. 15-25

_____. (2001) "Proposição de 9 de outubro de 1967 sobre o psicanalista da Escola". In: *Outros escritos*. Trad. V. Ribeiro. Rio de Janeiro: Editora Zahar, 2003, p. 248-264.

_____. (2001) "Prefácio à edição inglesa do *Seminário 11*" [1976]. In: *Outros escritos*. Trad. V. Ribeiro. Rio de Janeiro: Editora Zahar, 2003, p. 567-569.

_____. "L'étourdit". In: *L'Etd*, documento interno com notas de leitura e versão em castelhano. Barcelona: Centro de investigación P&S, 2017.

_____. (1986) *O seminário*, livro 7: *A ética da psicanálise* [1959-60]. Trad. A. Quinet. Rio de Janeiro: Zahar, 1997.

_____. (1991) *O seminário*, livro 8: *A transferência* [1960-61]. Trad. D. D. Estrada. Rio de Janeiro: Editora Zahar, 1992.

_____. (2004) *O seminário*, livro 10: *A angústia* [1962-63]. Trad. V. Ribeiro. Rio de Janeiro: Editora Zahar, 2005.

_____. (1973) *O seminário*, livro 11: *Os quatro conceitos fundamentais da psicanálise* [1964], 2ª ed. Trad. M.D. Magno. Rio de Janeiro: Editora Zahar, 1985.

_____. (2006) *O seminário*, livro 16: *De um Outro ao outro* [1968-69]. Trad. V. Ribeiro. Rio de Janeiro: Editora Zahar, 2008.

_____. (1991) *O seminário*, livro 17: *O avesso da psicanálise* [1969-70]. Trad. A. Roitman. Rio de Janeiro: Editora Zahar, 1992.

_____. (2007) *O seminário*, livro 18: *De um discurso que não fosse semblante* [1971]. Trad. V. Ribeiro. Rio de Janeiro: Editora Zahar, 2009.

_____. (2011) *O seminário*, livro 19: *...ou pior* [1971-72]. Trad. V. Ribeiro. Rio de Janeiro: Editora Zahar, 2012.

_____. (1975) *O seminário*, livro 20: *Mais, ainda* [1972-73], 2ª ed. Trad. M.D. Magno. Rio de Janeiro: Editora Zahar, 1985.

_____. (2005) *O seminário*, livro 23: *O sinthoma* [1975-76]. Trad. S. Laia. Rio de Janeiro: Editora Zahar, 2007.

_____. *Le sinthome* [1975-76]. Edição ALI (Association Lacanienne Internationale).

_____. *Le sinthome* [1975-76]. Publicação digital não comercial. Documento interno da Association Freudienne.

_____. *Le sinthome* [1975-76]. Versão Staferla. PDF online no site de Patrick Valas (www.valas.fr).

_____. Seminários inéditos. Há diversas publicações parciais ou integrais, em francês, castelhano e português, em revistas ou cópias diversas de difusão restrita e/ou formato digital.

_____. *Le séminaire*, livre IX: *L'identification* [1961-62].

_____. *Le séminaire*, livre XIV: *La logique du fantasme* [1966-67].

_____. *Le séminaire*, livre XIX: *Le savoir du psychanalyste* [1971-72].

_____. *Le séminaire*, livre XXI: *Les non-dupes errent* [1973-74].

_____. *Le séminaire*, livre XXII: *RSI* [1974-75], parcialmente publicado na revista *Ornicar?*, nº 2, 3, 4, e 5, 1975 e 1976.

_____. *Le séminaire*, livre XXIV: *L'insu que sait de l'une-bévue s'aile à mourre* [1976-77], parcialmente em *Ornicar?*, n° 12-13, 14, 15, 17-18, de 1977 a 1979.

_____. *Le séminaire*, livre XXV: *Le moment de conclure* [1977-78].

_____. *Le séminaire*, livre XXVI: *La topologie et le temps* [1978-79]. [Em castelhano: "La topología y el tempo". In: *Actas de la Escuela Freudiana de Paris, VII Congreso, Roma, 1974*. Barcelona: Ed. Petrel, 1980]

_____. "Conférence de presse du Dr Lacan (29 octobre 1974 au Centre culturel français)", *Lettres de l'École*, n° 16, 1975, p. 6-26 [Em castelhano: "Conferencia de prensa del Dr. Lacan, Roma, 29 de outubro de 1974" (Trad. I. Manzi). In: *Actas de la Escuela Freudiana de Paris, VII Congreso, Roma, 1974*. Barcelona: Ed. Petrel, 1980, p. 15-34.]

_____. "La tercera". In: *Intervenciones y textos 2*. Buenos Aires: Manantial, 1988, p. 73-108.

_____. "Conferencia en Ginebra sobre el sintoma". In: *Intervenciones y textos 2*. Buenos Aires: Manantial, 1988, p. 115-144.

_____. (1974) "La troisième" [Conferência no 7° Congresso da École Freudienne de Paris, em Roma], *Lettres de l'École Freudienne*, 1975, n° 16, p. 177-203. [Em castelhano: "La tercera". In: *Intervenciones y textos 2*. Buenos Aires: Manantial, 1988, p. 73-108. Conteúdo integral disponível em <www.valas.fr/Jacques-Lacan-La-Troisieme-en-francais-en-espagnol-en-allemand,011> (Transc. Patrick Valas).]

_____. "Conférence de presse du Dr Lacan (29 octobre 1974 au Centre culturel français)", *Lettres de l'École*, n° 16, 1975, p. 6-26 [Em castelhano: "Conferencia de prensa del Dr. Lacan, Roma, 29 de outubro de 1974" (Trad. I. Manzi). In: *Actas de la Escuela Freudiana de Paris, VII Congreso, Roma, 1974*. Barcelona: Ed. Petrel, 1980, p. 15-34.]

_____. (1963) *Nomes-do-pai* [2005]. Trad. A. Telles. Rio de Janeiro: Zahar, 2005.

_____. (2011) *Estou falando com as paredes* [1971-72]. Trad. V. Ribeiro. Rio de Janeiro: Editora Zahar, 2011. [Corresponde às três primeiras aulas do que também se conhece como seminário *O saber do psicanalista*].

_____. (2005) *O triunfo da religião — precedido de Discurso aos Católicos* [1974]. Trad. A. Telles. Rio de Janeiro: Editora Zahar, 2005.

_____. "Respuestas de Jacques Lacan sobre los nudos y el inconsciente en las Jornadas de la Escuela Freudiana: Los matemas el psicoanálisis" [31 de outubro a 2 de novembro de 1976], *Lettres de l'École Freudienne*, n° 21, agosto de 1977.

_____. *Catalogue de l'exposition François Rouan*. Marseille: Musée Cantini, 1978.

Lacan, Jacques; Lévy-Valensi, Joseph; Migault, Pierre. "Escritos inspirados: esquizografia" (Conferência ministrada em 12 de novembro de 1931), *Escritos avulsos*. Trad. P. S. de Souza Jr. São Paulo. Disponível em: <www.escritosavulsos.com>.

Lefort, Rosine; Lefort, Robert (1980) *Nascimento do outro*. Trad. A. Jesuino. Salvador: Ed. Fator Livraria, 1984.

Le Gaufey, Guy (2006) *O não-todo de Lacan*. Trad. P. Rona. São Paulo: Scriptorium, 2015.

Platão. *Parmênides*, em diversas publicações.

Porge, Érik. *Lettres du symptôme: Versions de l'identification*. Toulousse: érès, 2010.

Rabinovich, Diana. *Modos lógicos del amor de transferencia*. Buenos Aires: Manantial, Estudios de psicoanálisis, 1992.

Salinas, Laura. *El analista sinthome en la clínica de las psicosis*. Buenos Aires: Letra Viva, Voces del Foro, 2015.

Schejtman, Fabian. *Philip Dick con Jacques Lacan. Clínica psicoanalítica como ciencia-ficción*. Buenos Aires: Grama, 2018.

_____. *Sinthome. Ensayos de clínica psicoanalítica nodal*. Argentina: Grama, 2013.

Soler, Colette (2015) *Lacan, leitor de Joyce*. Trad. Cícero Oliveira. São Paulo: Aller, 2018.

_____. (2011) *Os afetos lacanianos*. Trad. Cícero Oliveira. São Paulo: Aller, 2022.

_____. (2009) *O inconsciente reinventado*. Rio de Janeiro: Companhia de Freud, 2012.

Sollers, Phillippe. *Paradis*. Paris: Seuil, 1981.

Valas, Patrick. Website, disponível em: <www.valas.fr>.

Vappereau, Jean-Michel. *Nudo*. Buenos Aires: Kliné, 2006.